CB007757

" Acompanho o Theo e a Exact Sales há bastante tempo, e a jornada tem sido incrível. É muito bom ver sócios realmente complementares atuando de maneira integrada e liderando uma verdadeira revolução no mercado de inside sales no Brasil. Theo é um líder humano e pragmático ao mesmo tempo, e aprendeu a lidar com situações complexas muito cedo na sua carreira. A jornada da empresa só está começando e já temos uma grande quantidade de aprendizados para todo mundo que está empreendendo ou quer conhecer mais sobre o mundo real das startups brasileiras. Certamente, este livro ajudará muito quem deseja trilhar este caminho."

— **Pedro Waengertner** – *CEO da aceleradora de empresas ACE e autor do livro* A Estratégia da Inovação Radical.

" *De Zero a 50 Milhões* é uma leitura inspiradora e de grande ajuda prática para empreendedores. Theo Orosco, de maneira leve e didática, com muitos exemplos de sua fascinante jornada empreendedora, nos conduz por temas essenciais, como definição de propósito e de foco; observação e conhecimento das necessidades do cliente; transformação de ideias em soluções de grande valor agregado para os clientes e para a empresa. A ética da excelência também permeia o livro, isto é, fazer bem feito, fazer o melhor para os clientes, para os colaboradores, para a sociedade e para os acionistas da empresa. *De Zero a 50 Milhões* nos revela o Theo como ele é na vida real: engajado, apaixonado pelo que faz, humano, observador, transparente, preocupado com seu time e com seus sócios, bem como rápido e efetivo na execução."

— **Julio Moura Neto** – *Cofundador da Vesper Ventures. Foi CEO global da Amanco, Masisa e Nueva; CEO da Schindler Europa; e membro do conselho da Natura, Cencosud, Adecoagro e Nueva.*

THEO OROSCO

Fundador da *Exact* e *2:1 Design*

DE ZERO A 50 MILHÕES

APRENDIZADOS REAIS DE UMA TRAJETÓRIA EMPREENDEDORA

ALTA BOOKS
EDITORA
Rio de Janeiro, 2020

Produção Editorial	**Produtor Editorial**	**Marketing Editorial**	**Editor de Aquisição**
Editora Alta Books	Illysabelle Trajano	Lívia Carvalho	José Rugeri
		marketing@altabooks.com.br	j.rugeri@altabooks.com.br
Gerência Editorial		**Coordenação de Eventos**	
Anderson Vieira		Viviane Paiva	
		eventos@altabooks.com.br	
Gerência Comercial			
Daniele Fonseca			

Equipe Editorial		**Equipe Design**	
Ian Verçosa	Rodrigo Ramos	Larissa Lima	
Juliana de Oliveira	Thales Silva	Paulo Gomes	
Maria de Lourdes Borges	Thiê Alves		
Raquel Porto			

Produção Textual	**Revisão Gramatical**	**Diagramação**	**Projeto Gráfico/Capa**
Wendy Campos	Wendy Campos	Joyce Matos	Paulo Gomes
Hellen Suzuki	Fernanda Lutif		

Publique seu livro com a Alta Books. Para mais informações envie um e-mail para autoria@altabooks.com.br

Obra disponível para venda corporativa e/ou personalizada. Para mais informações, fale com projetos@altabooks.com.br

Dados Internacionais de Catalogação na Publicação (CIP) de acordo com ISBD

O74d   Orosco, Theo

De Zero a 50 Milhões: Aprendizados Reais de uma Trajetória Empreendedora / Theo Orosco. - Rio de Janeiro : Alta Books, 2020.
248 p. ; 16cm x 23cm.

ISBN: 978-65-552-0125-3

1. Empreendedorismo. 2. Sucesso. 3. Trajetória. I. Título.

2020-1564

CDD 658.421
CDU 65.016

Elaborado por Vagner Rodolfo da Silva - CRB-8/9410

Rua Viúva Cláudio, 291 — Bairro Industrial do Jacaré
CEP: 20.970-031 — Rio de Janeiro (RJ)
Tels.: (21) 3278-8069 / 3278-8419
www.altabooks.com.br — altabooks@altabooks.com.br
www.facebook.com/altabooks — www.instagram.com/altabooks

– DEDICATÓRIA

Primeiramente, dedico este livro às pessoas que me deram a base de quem sou, em especial à minha irmã, à minha sobrinha, à minha avó, ao meu pai e à minha mãe.

Dedico, ainda, à minha esposa, Isabel, que, por meio de seu amor, me deu o apoio necessário e soube entender o propósito por trás deste projeto.

Por fim, dedico aos colaboradores, investidores e clientes da Exact Sales, que todo dia fazem esta história continuar sendo escrita. Em especial, aos cofundadores da Exact, Felipe Roman e irmãos Bottós, sem os quais esta história nunca existiria.

— AGRADECIMENTOS

Agradeço a todas as pessoas, citadas ou não ao longo do livro, que passaram em minha vida e geraram aprendizados tão valiosos durante esta jornada.

Aos colaboradores, investidores e clientes da Exact, por sempre confiarem em mim; em especial, ao meu sócio Felipe Roman.

À minha família, por me apoiar em tudo que fiz na vida e ser a base do que sou. A meu pai, mãe, vó, irmã, afilhada.

Em especial, quero agradecer à minha esposa amada, Isabel Prudêncio Orosco, que, além de ter aguentado alguns momentos de afastamento para eu escrever este livro, me faz sonhar em brevemente ter nossa filha e poder compartilhar este livro com ela quando ela crescer — este foi meu propósito, e não seria possível sonhar ele sem você, Bel. Te amo!

Espero que um dia minha filha leia este livro e goste, pois o escrevi com muito carinho. Tomara que ela tenha orgulho das vivências que tive até aqui.

Agradeço, sobretudo, à Editora Alta Books, desde o início uma grande parceira neste novo desafio que decidi trilhar.

Entretanto, o agradecimento especial vai para você, leitor, que abriu seu coração para viver um pouco desta história comigo. Eu lhe desejo muito sucesso pessoal e profissional, e espero que o livro tenha de alguma forma o ajudado nessa busca!

THEØ
OROSCO

— SOBRE O AUTOR
Theo Orosco

Theo Orosco é CEO da *Exact Sales*, a maior empresa de sales engagement da América Latina, com mais de 10 mil usuários. Designer e Administrador, é especialista em Marketing e pós-graduado em Gestão Estratégica. Foi cofundador da empresa *Dois Pra Um Design*, na qual venceu diversos prêmios de inovação, tais como o Internacional Michel Challenge — no salão do automóvel de Detroit/USA. Atualmente, é vice-presidente da ADVB/SC, cofundador do programa Astella Expert Network, mentor do curso Gestão 4.0 Sales — Aceleração de Vendas e mentor de diversos grupos de apoio a empreendedores — sendo, por dois anos consecutivos, apontado como um dos dez melhores mentores do Brasil pela ABStartup. Também foi reconhecido pela revista *PEGN* como um dos dez empreendedores que estão mudando a lógica dos negócios no Brasil.

|ENTREVISTAS

Para ampliar ainda mais a sua experiência com este livro, compartilho com você conversas com convidados muito especiais sobre os temas abordados no decorrer da obra.

— Marcus Piangers

Palestrante e autor do Best-Seller "O Papai é Pop" e "O Papai é Pop 2"

— Marcus Marques

Mentor em gestão para pequenas e médias empresas. É sócio-diretor do Instituto Brasileiro de Coaching - IBC

— Sávio Bortolini

Empresário e ex-futebolista brasileiro consagrado mundialmente, atual proprietário da Bortolini Patrimonial

— Guilherme Siqueira

Empresário e ex-futebolista brasileiro com uma carreira brilhante construída toda na Europa

— Ricardo Silva Voz

Palestrante, consultor e mentor de comunicação ativa. Conhecido como consultor das celebridades e criador do método "Influence Prime"

— Gustavo do Valle

Empresário, cofundador e CEO da Decora

— Paulo Orione

Diretor do Grupo CreativeDrive, cofundador e CEO da Decorara

— Pedro Waengertner

CEO da aceleradora de empresas ACE e autor do
livro A Estratégia da Inovação Radical

— Edson Rigonatti

Cofundador da Astella, um dos mais importantes fundos
de investimento em empresas de tecnologia do Brasil

— Elton Miranda

Cofundador da Contentools, e hoje um dos sócios e diretores
da Growth Hackers (em São Francisco / California)

Acesse o QR code e assista
às entrevistas exclusivas:

SUMÁRIO

PRÓLOGO

Hoje sou um apaixonado por empreendedorismo e vendas, mas nem sempre foi assim.

Estou na minha segunda empresa e, apesar de a primeira, Dois Pra Um Design, ter sido bem-sucedida (ganhando algumas das maiores premiações do mundo, como o Michelin Challenge — Salão do Automóvel de Detroit/USA), o fim da história não foi daqueles de cinema. Exagerei na dose, desequilibrei toda minha vida e acabei parando no hospital. Por isso, resolvi vendê-la e disse a mim mesmo que não queria mais ser empreendedor.

Depois, auxiliei a empresa Welle a redesenhar seu processo comercial e acabei criando o mínimo produto viável (MVP) do que viria a ser a Exact — planilhas de Excel que se comunicavam para tentar indicar o que falar em um atendimento com base na resposta anterior dos clientes. Deu tão certo que a Welle foi apontada como a empresa que mais cresceu no Brasil segundo a lista da *Exame*, saindo de R$1,3 para R$10,6 milhões de faturamento.

> **RESOLVI REPLICAR ISSO EM OUTRA EMPRESA,**
> e foi sucesso novamente. Na Nanovetores, ajudei a empresa a atingir o posto de segundo maior crescimento do Brasil na lista da *Exame* do ano seguinte.

Mas as planilhas começaram a travar — e as empresas, a fazer fila por consultoria. Então, entendi que teria que voltar a empreender, só que agora no universo de software com recorrência!

Eu precisava de um cara de tecnologia (um CTO), pois essa não é minha praia, portanto, fiz minha primeira grande venda ao Felipe Roman, o melhor cara de tecnologia que conhecia.

FUNDAMOS A EXACT JUNTOS EM FEVEREIRO DE 2015.
Hoje sou cofundador e estou CEO da Exact Sales, empresa do maior software de Sales Engagement da América Latina e precursora da pré-vendas no Brasil, com mais de 10 mil usuários ativos.

Com um propósito que me encanta, além de sermos a ferramenta de prospecção das empresas que mais cresce no Brasil (ajudando o ecossistema a crescer), somos a ferramenta de líderes de mercado, como SAP, Unimed, Thomson, Estadão, Basf, Engie e Sênior.

Com esses resultados, tive a felicidade de ter sido apontado pela revista *PEGN* como um dos dez empreendedores que estão mudando a lógica dos negócios no Brasil, e tive minha primeira experiência como escritor ao ser coautor do livro *Guia Prático da Novas Ferramentas Comerciais*.

Resolvi retribuir ao ecossistema e mentorei diversas empresas por meio de instituições como ACE e Endeavor, sendo apontado como um dos dez melhores mentores do Brasil por dois anos seguidos pela Associação Brasileira de Startups.

Eu me apaixonei tanto por empreendedorismo e venda que assumi o posto de embaixador da Associação Catarinense de Empresas de Tecnologia (ACATE — Startups) e a Diretoria de Novas Tecnologias da Associação Brasileira de Dirigentes de Vendas (ADVB/SC).

Em 2020, fui convidado para assumir o posto de vice-presidente da ADVB/SC e topei! Espero fazer a diferença por lá.

Foram pouco mais de 10 anos entre o momento que abri minha primeira empresa até sermos avaliados em R$51 milhões na Exact no fim de 2018, ou até o momento no qual a empresa foi avaliada em quase R$100 milhões no fim de 2019.

Neste meio-tempo, errei muito e acertei tanto quanto, mas o mais legal é que aprendi com ambos e evolui como empreendedor. Neste livro, estou compartilhando os principais erros, acertos e aprendizados dessa trajetória, de maneira aberta, técnica, leve e bastante transparente.

Muito prazer em conhecê-lo, espero que goste de nosso bate-papo!

INTRODUÇÃO

Em 2020, recebi alguns convites para escrever meu primeiro livro. Não sou escritor e, na verdade, tinha até dificuldade nas aulas de redação quando estava no colégio. Para ser ainda mais sincero, apesar de não ser um mau aluno, eu só era bom mesmo em educação física. Mas o tempo passou, eu me formei, fiz duas graduações, uma pós-graduação, ingressei no mercado de trabalho e acabei me destacando no cenário do empreendedorismo. Por isso, com o intuito de compartilhar minha experiência e aprendizado com você, decidi aceitar o desafio de escrever.

Minha jornada como empreendedor teve início quando cofundei minha primeira empresa, a Dois Pra Um Design, na área de desenho industrial. Ela ganhou alguns dos concursos de inovação e design mais respeitados do Brasil e do mundo, tais como o prêmio IDEA Brasil (considerado o Oscar do design nacional) e o Michelin Challenge Design (prêmio do Salão do Automóvel de Detroit/EUA).

Conquistamos grandes empresas como clientes e, em pouco tempo, já estávamos entre os maiores escritórios do Brasil. Foi um empreendimento muito bem-sucedido em vários aspectos.

A segunda empresa, a Exact Sales, foi cofundada pouco depois de vender a primeira (não foi uma venda milionária digna de filme, e a explicarei melhor mais adiante). Nessa empreitada, mergulhei de cabeça no universo de software e, pouco antes de completar 4 anos de existência, fomos avaliados em R$51 milhões por investidores qualificados que fizeram um aporte de R$1 milhão na empresa — daí o título deste livro. Hoje, com pouco mais de 5 anos, a empresa vale quase R$100 milhões

— não posso divulgar o valor exato, mas este é um dos poucos dados que não vou poder detalhar.

O software da Exact, o Exact Spotter, faz parte do mundo das vendas de média e alta complexidade; mais especificamente, do mundo da prospecção de novos clientes. Por isso, tive que estudar muito tudo que envolvia esses assuntos, e acabei me apaixonando pela ciência por trás do comportamento humano, principalmente a voltada para a área de vendas. Além disso, fui acumulando experiências relevantes neste sentido.

Em um processo natural e espontâneo, as pessoas começaram a querer me ouvir falar mais sobre o assunto e a me convidar para palestrar e escrever sobre dois temas principais: empreendedorismo e vendas. Assim, surgiu a ideia deste livro, no qual pretendo tratar desses assuntos, tendo como pano de fundo as vivências durante minha jornada empreendedora que está apenas começando.

Ao longo do livro, contarei como foi essa jornada em detalhes, a fim de exemplificar aprendizados técnicos, desde meu primeiro emprego entregando panfletos até o momento atual da Exact e como cheguei ao posto de vice-presidente da Associação Brasileira de Dirigentes de Marketing e Vendas (ADVB/SC).

Compartilharei erros e acertos, e principalmente os aprendizados ao longo dessa árdua caminhada.

Preciso confidenciar uma coisa muito pessoal: às vezes, sou inseguro e quase sempre ansioso; tento trabalhar esses aspectos com meu psicólogo, mas esta não é uma missão fácil. A verdade é que fiquei bastante na dúvida se realmente teria algo de relevante para eternizar em um livro todo meu — afinal, tenho apenas 32 anos e ainda muito para aprender —, fiquei inseguro e demorei até aceitar que a insegurança, neste caso, era muito normal.

No entanto, percebi que, nas mentorias e palestras que ministro, consigo ajudar muito as outras empresas, usando como exemplos erros e acertos que já cometi ou vi outros empreendedores cometerem. Os feedbacks dos empreendedores e dos que almejavam empreender sobre as palestras e conversas eram incríveis.

Então, me convenci de que podia eternizar esse aprendizado e que ele, de fato, era sólido e robusto o suficiente para não ser só mais um livro qualquer de alguém que só quer se promover; seria um livro com muito conteúdo técnico, mas com a leveza, didática e atratividade dos casos reais. Um livro capaz de ajudar os empreendedores em sua prática diária.

Minha segunda grande dúvida antes de escrever foi se conseguiria encontrar motivação suficiente para assumir e concluir este projeto, algo que justificasse as horas que teria que passar escrevendo, mesmo estando no meio do furacão de crescimento da Exact e tendo acabado de assumir a vice-presidência da Associação de Dirigentes de Marketing e Vendas (ADVB/SC).

> **VOCÊ PERCEBERÁ AO LONGO DESTE LIVRO** que sou extremamente ambicioso quanto aos meus objetivos. Sempre tento fazer algo especial em cada projeto de que participo. Assim, não assumiria a missão de escrever um livro todo meu se não tivesse uma razão especial para isso, se não encontrasse um propósito para este projeto. (Falaremos sobre a importância do propósito no Capítulo 1.)

Além disso, para eu me engajar em um projeto, sempre tento pensar "fora da caixa", procuro uma maneira diferente de alcançar meu objetivo — neste caso, uma forma diferente de transmitir um pouco do que aprendi sobre empreendedorismo e vendas. Não gosto muito de fazer igual aos outros, apesar de gostar de aprender com as experiências alheias. Por isso, você perceberá que este livro é uma conversa, com muito assunto técnico e aplicável ao dia a dia, e não um livro cheio de teorias descontextualizadas.

Escrever um livro, para alguém que não é escritor, ainda mais de uma maneira diferente da convencional, é no mínimo um enorme desafio. Mas adoro e sou movido por desafios! Acho que todo bom empreendedor é assim. Ao me deparar com um desafio, me preparo da melhor forma possível e o executo com toda minha garra (errando para caramba, mas sempre com todo meu empenho). Só preciso vislumbrar um propósito que me encante.

> **POSTERGUEI POR DIVERSAS VEZES A DECISÃO DE COMEÇAR A ESCREVER ESTE LIVRO.**
> Uma vez até tive a iniciativa, mas não estava gostando do resultado e acabei parando — faltou "acabativa". Este é um ponto no qual sempre tive dificuldades: execução de projetos longos. Percebi que, quando não há um firme propósito por trás de um projeto, minha tendência é perder impulso. E acho que era isso que me faltava em relação ao projeto de escrever.

Um dia descobri qual propósito me levaria a ter engajamento suficiente para iniciar e acabar um livro inteirinho. Essa motivação, esse derradeiro propósito, surgiu do desejo de ser pai. Ter filhos sempre foi meu maior sonho e, diante da perspectiva da chegada de minha primeira filha, antes mesmo de ela estar na barriga da mãe, pensei que valeria a pena escrever tudo que aprendi ao longo da vida de empreendedor para que pudesse compartilhar com ela algum dia. O livro ganhou um forte propósito, e, da decisão de encarar este novo desafio, derivaram todas as decisões, como, por exemplo, a de ser o mais informal possível.

Gosto muito da célebre frase de Walt Disney: "Eu gosto do impossível porque lá a concorrência é menor." Então, mesmo sendo algo tão complexo, darei meu máximo para fazer o livro mais instrutivo e leve que já existiu sobre empreendedorismo e vendas, e que, quem sabe, torne-se um best-seller. Então, se gostar do que ler, conto com sua ajuda para divulgá-lo. Lembrando o ensinamento de Platão: "O conhecimento só se torna válido quando aplicado e, acima de tudo, compartilhado."

01

TENDO UM PROPÓSITO

TENDO UM PROPÓSITO

O ponto de partida de nossa caminhada, assim como de todo projeto ao qual me dedico, é o propósito. Começaremos falando um pouco do propósito — e temas relacionados —, partindo de minha experiência ao encontrar o propósito de que precisava para escrever este livro, mencionada na Introdução; então, passaremos para a motivação para encarar os desafios das duas empresas que tive até este momento.

O propósito realmente move montanhas. Um dos maiores desafios dos empreendedores é fazer com que as outras pessoas da empresa queiram "assumir como seu" o propósito por trás do projeto ao longo de toda a trajetória. Por isso, é muito importante que, além de forte, ele seja claro.

Por exemplo, meu propósito na Dois Pra Um Design, minha primeira empresa, que desenha produtos (carrinhos de bebê, cadeiras de dentista, jet skis, brinquedos, embalagens), era conectar o desenvolvimento de produtos com as necessidades reais dos usuários; era olhar o design de maneira mais ampla, tanto antes quanto depois da conceituação dos produtos. Foi isso que me guiou inclusive na escolha de fazer o curso de Administração em Marketing, em paralelo com o curso de Design de Produtos. Meu objetivo foi aumentar meu espectro de conhecimento, principalmente sobre marketing, que é uma parte do processo de desenvolvimento de um produto como um todo.

É claro que, nesta época, não tinha ideia de que esses dois cursos de graduação eram parte fundamental do propósito da minha primeira empresa. Aliás, gosto muito de esclarecer isso! Você não precisa sair desesperadamente caçando um propósito — os melhores propósitos surgem de maneira orgânica para quem está se jogando de cabeça naquilo em que acredita.

Retomando o exemplo da Dois Pra Um, o propósito de encarar o design de maneira mais ampla permeava tudo na época! Encontrei outras cinco pessoas com essa mesma visão — aliás, fui encontrado por elas. Esse propósito estava enraizado inclusive no nome que escolhemos para a empresa: Dois Pra Um (2:1) Design. O termo 2:1 é usado como uma escala de ampliação na engenharia, logo escolhemos esse nome para mostrar que queríamos ampliar a visão sobre como o design podia ajudar os clientes a desenvolverem produtos campeões.

Eu acreditava tanto nesse propósito que tudo que eu fazia era pela empresa; fui até parar no hospital por causa dela! Falarei desse episódio mais adiante. Mas chegamos aonde queríamos e éramos muito valorizados no mercado, principalmente pelo fato de que nossos projetos englobavam o pacote completo, desde a pesquisa de mercado, passando pela conceituação dos produtos que desenvolvíamos, até a preparação para produção dos produtos. Esse diferencial se originava no fato de colocarmos em prática a ideia de ver o design de maneira mais ampla.

Conquistamos alguns dos maiores prêmios do Brasil e do mundo pensando dessa maneira! Lembro-me de que no prêmio da Michelin, que recebemos no Salão do Automóvel de Detroit, além de usarmos muita pesquisa, utilizamos Biônica para criar uma solução de mobilidade! Ou seja, observamos as soluções da natureza para criar uma solução para o ser humano — isso é encarar o design de maneira muito ampla!

Sócios da Dois Pra Um com o troféu do concurso (2011). Na foto, Alexandre Turozi, Elisa Strobel, Rodrigo Krieger e Theo Orosco.

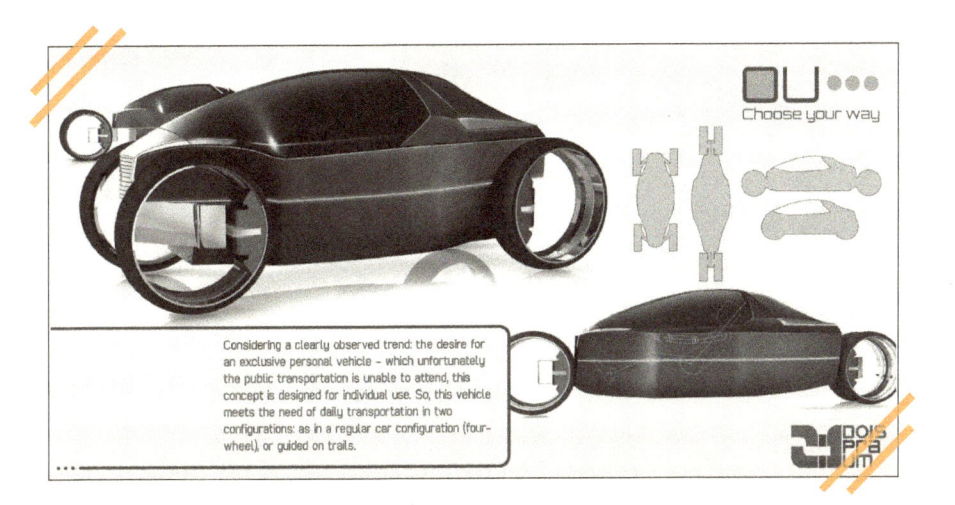

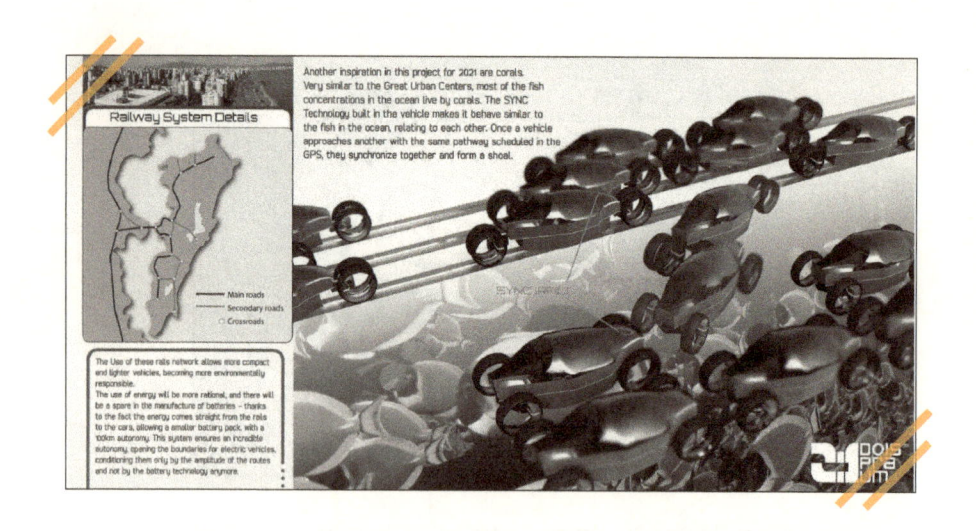

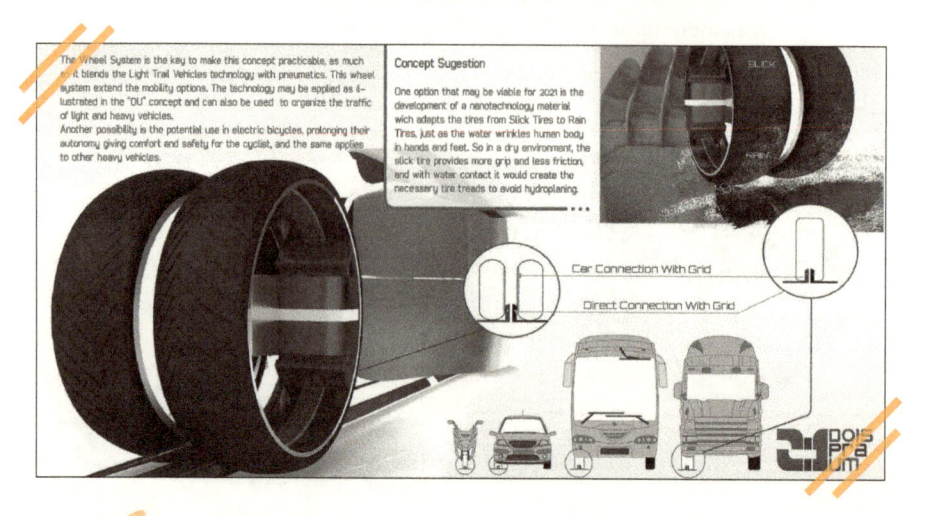

Painéis que explicam o conceito de mobilidade criado para o concurso da Michelin.

Já na Exact, meu propósito sempre foi auxiliar outras empresas a crescer, vendendo de maneira respeitosa e sustentável, ou seja, entendendo o possível cliente, vendo se faz sentido vender para ele e ofertando exatamente o que ele precisa. E não sair oferecendo para ele uma solução pronta, como uma fórmula mágica. Não podemos sair receitando remédios, sem fazer exames para ver o que o paciente tem.

Essa necessidade de entender melhor o cliente e fazer uma venda melhor, tanto para ele quanto para a empresa, nasceu do fato de que, na Dois Pra Um, eu fazia péssimas vendas, e senti os efeitos disso na pele! Não entendia que nem todo cliente era bom para a empresa. Éramos uma pequena empresa, com sócios muito jovens, e negociávamos com as maiores empresas do Brasil. Sempre brinco que negociações assim são como se relacionar com um gorila!

Você sabe como é a relação? Como ele quiser, afinal ele é um gorila, e você é só um ser humano. Ele é quem dita os termos dessa relação!

Era assim que eu me sentia na época. Toda minha dedicação era para sofrer o mínimo possível, mas sabia que sairia prejudicado. Isso se chama poder de barganha! As grandes empresas tinham tudo nas mãos, o poder de barganha era delas, pois sabiam o quanto eu queria vender para elas.

Acontece que a falta de poder de barganha com os "gorilas" fez com que eu fechasse projetos por taxa de sucesso, ou seja, você trabalha agora e recebe uma porcentagem do desempenho quando o produto for para o mercado. Porém eu era uma pequena empresa e não tinha fluxo de caixa para sustentar isso, para contratar as pessoas necessárias para fazer o projeto rodar.

Qual foi minha decisão? Pegar os projetos e dar um jeito com o que tínhamos de equipe. Se fosse preciso, eu e meu sócio trabalharíamos em dobro, assim não precisaríamos de dinheiro para contratar mais pessoas. O resultado? Por esse e outros motivos somados, passamos a trabalhar 16h por dia e nos fins de semana, afinal, além desses projetos, tínhamos os outros e toda a empresa para cuidar. Não foi fácil, prejudicou muito meu primeiro casamento, me afastou de meus amigos e me deixou doente.

Depois de quase oito meses de severos desarranjos intestinais, fui parar no hospital para fazer exames, sem saber o que tinha. O médico indicou, além dos remédios, que eu usasse lenços umedecidos para higiene pessoal. Na mesma época, um cliente chamado Tritec nos convidou para pensar juntos em uma nova forma de dar valor ao papel higiênico Neve. Então, surgiu a embalagem do Neve Lenços Umedecidos.

Brinco que as boas ideias surgem na merda! Neste caso, literalmente. Na verdade, isso é mais que uma brincadeira — eu realmente acredito nisso. Acredito que as boas ideias surgem da observação das merdas do dia a dia. Vamos falar mais sobre isso nos próximos capítulos.

No fim, vendi a empresa, pois não aguentava mais ser empreendedor daquele jeito (na época, creditei isso ao fato de ser empreendedor e não ao meu erro nas vendas, ou na falta de equilíbrio entre vida pessoal e profissional). Então, meu propósito de ajudar outras empresas no processo de vendas nasceu de uma dor sentida na pele. E um propósito assim é muito forte!

Acredito que propósitos sólidos podem nos fazer chegar muito longe e vencer nossas aparentes "limitações". Não é impossível ter sucesso sem um forte propósito, mas certamente será muito mais difícil.

Recentemente assisti a um episódio da série *O Bom Doutor*. Nela, um menino autista foge de casa com seu irmão e seu coelho, e ambos, irmão e coelho, acabam falecendo na frente dele, e ele não pode fazer nada. Mais tarde, o menino se torna médico, e, em uma espécie de entrevista de emprego, os diretores do hospital debatem se alguém com as "limitações" de uma pessoa autista poderia fazer parte do quadro de médicos daquele hospital.

Então, o chamaram na sala e fizeram a seguinte pergunta: "Por que você quer fazer parte do quadro de médicos deste hospital?" A resposta dele, além de emocionante, foi baseada em propósito. Ele disse que queria fazer parte do quadro de médicos, pois tinha visto seu coelho e seu irmão morrerem jovens na sua frente e nada pôde fazer. Eles não puderam viver, ter filhos, verem os filhos crescerem. Agora, ele não queria mais ver isso acontecer com outras pessoas cheias de coisas para viver; ele queria poder ajudar pessoas jovens a viverem tudo o que elas tinham para viver. Ele tinha um lindo propósito que era capaz de fazê-lo superar qualquer desafio.

Lembro-me, ainda, de um colaborador da Exact chamado Osvaldo, que me conheceu em uma palestra antes mesmo que a Exact estivesse formalmente aberta. Eu acabara de vender a Dois Pra Um e fui dar uma espécie de consultoria para um ex-cliente chamado Welle Laser. Lá, propus um conceito de segmentação de clientes que auxiliou a empresa a chegar no posto de maior crescimento do Brasil naquele ano. Fiz a mesma coisa em uma outra empresa, que foi apontada como segundo maior crescimento do Brasil; assim, a Endeavor me chamou para lhe prestar mentoria e fui convidado para palestrar sobre o tema.

Enfim, ao final de uma dessas palestras, Osvaldo me procurou emocionado e me disse que estava fechando sua empresa porque não conseguia vender seu produto. Ele tinha levantado uma grana a fundo perdido em um projeto do governo, e investido em seu produto, que era muito bacana. Porém perdeu o timing e, quando foi lançar o produto no mercado, não tinha mais dinheiro para estruturar e pôr em prática uma estratégia robusta e adequada de vendas. Segundo ele, assistindo à palestra, viu exatamente onde tinha errado em sua empresa.

Você conseguiu identificar qual foi o principal erro que ele cometeu?

Ele gastou o dinheiro todo com o produto antes de entender se conseguiria vendê-lo e se, de fato, aquela era a solução que o cliente queria. Construiu uma "Ferrari" e, quando foi dirigir, descobriu que não conseguia passar de 80km/h porque a estrada era ruim e cheia de quebra-molas. Pior ainda, gastou todo o dinheiro para construir a "Ferrari" e depois descobriu que não tinha dinheiro para a gasolina (ou seja, para estruturar o processo de vendas).

Gosto de dizer sempre que o empreendedor deve seguir uma ordem cronológica que esteja muito próxima à seguinte:

VENDER ⟶ ATENDER ⟶ APRENDER ⟶ AÍ SIM DESENVOLVER

Você pode me perguntar: "Mas vender o que, se você ainda não desenvolveu o produto?" A resposta é que normalmente temos como sanar a dor do cliente sem precisar de um grande desenvolvimento. Para fazer isso, você deve buscar seu MVP (mínimo produto viável).

Na Exact, por exemplo, nosso MVP eram planilhas de Excel que se comunicavam para tentar indicar o que falar, com base na resposta anterior do cliente, além de trabalharem para indicar se o cliente tinha as características que a empresa estava buscando. Vendemos quase R$500 mil em planilhas antes de ter um software.

Gosto também do exemplo de como você poderia prototipar um mostrador de vagas em um estacionamento. Imagine amarrar um balão de gás hélio em um barbante, e o barbante em uma pedra. Se você colocar essa pedra no meio da vaga, quando o carro estacionar o balão desce; então, onde o balão estiver no alto, há vaga. Simples, barato e direto! Ataca o problema do cliente de forma objetiva.

Recomendo, no entanto, cuidado com o conceito de MVP para não acabar simplificando de forma errada. Por exemplo, o MVP de um carro nunca será uma roda. MVP sempre parte de uma dor! No caso do carro, a dor é locomoção; logo, o MVP seria um patinete, por exemplo, já que você não se locomove apenas com uma roda.

Pense por um momento em seu caso pessoal. Você tem uma ideia de uma empresa? Como será seu MVP? Se já tem empresa, qual foi seu MVP? Se faz muito tempo que iniciou, como será o MVP do seu próximo projeto dentro da empresa?

Voltando ao assunto propósito e ao caso do Osvaldo, que assistiu à minha palestra e veio conversar comigo sobre a empresa dele. Na verdade, ele veio me dizer que queria ter assistido à minha palestra antes! Veio me dizer que não dava mais tempo de salvar a empresa dele, mesmo que agora soubesse onde tinha errado.

Portanto, o que de fato ele queria era a oportunidade de me ajudar a não deixar isso acontecer com outras empresas. Naquele dia, o Osvaldo entrou na Exact sem ganhar nada (até porque a empresa mal existia). Ele se tornou um dos mais importantes colaboradores da Exact, fundamental para a cultura da empresa.

O engajamento do Osvaldo era tanto que ele ganhou diversos prêmios no fim de ano, quando os demais colaboradores votam em seus colegas em alguns quesitos. Dentre os quesitos em que Osvaldo foi vencedor, estava ser "a cara da Exact". Hoje, ele é coordenador de eventos, organizando palestras para outras pessoas conhecerem mais sobre empreendedorismo e vendas, antes que seja tarde, como foi no caso da empresa dele. Ele vence suas limitações e progride dia a dia.

O que o motivou tanto? O propósito!

Perceba que o propósito não tem relação com onde ele chegou, e sim com o que o motivou a percorrer aquele caminho. É isso mesmo: muitas vezes, não temos ideia de aonde vamos chegar quando iniciamos um novo projeto, uma empresa ou um novo emprego. Porém, se houver um propósito, existirá algo que nos move e nos faz realmente ter forças para levantar após as quedas que virão durante a caminhada.

Para um jogador de futebol, por exemplo, o propósito que o faz enfrentar a difícil trajetória nas categorias de base, muitas vezes, não tem tanta relação com ganhar títulos. Em muitos casos, seu propósito é o de não querer mais ver a família passando necessidade, e o caminho do futebol pode ser o mais próximo para isso (e o propósito, quando envolve esse tipo de laço, faz você mover montanhas).

Que propósito o move? Seja como colaborador, empreendedor ou qualquer outro posto. Lembre-se de que esse propósito não precisa ser necessariamente grandioso. Trocamos de propósito muitas vezes ao longo de nossa jornada e, muitas vezes, pegamos emprestados propósitos de outras pessoas por algum tempo.

Além do propósito, outra coisa muito importante durante a trajetória para mantê-lo firme em seu caminho é comemorar as pequenas vitórias, os pequenos avanços. Isso o manterá engajado.

Eu, por exemplo, encaro este livro como mensagens que estou escrevendo para minha filha no futuro; em cada capítulo, quero deixar aprendizados. Assim, estou encarando cada capítulo como um projeto novo, o que me ajudará a lidar com minha dificuldade de "acabativa". Desta forma, conseguirei dividir este projeto em entregas menores (cada capítulo, uma entrega) e comemorar cada vitória separadamente (cada entrega, uma vitória!).

Nunca se esqueça de comemorar as vitórias! Aliás, esta foi a estratégia que adotei durante toda minha vida para conseguir me livrar da dificuldade de não me engajar em projetos de longo prazo, fragmentar as entregas e comemorar cada etapa finalizada.

Você também fragmenta seus projetos? Quando foi a última vez que comemorou uma entrega? Será que hoje você não está se esquecendo de comemorar as pequenas batalhas, esperando para só comemorar a vitória da guerra?

O propósito ajuda a sonhar grande, ajuda a ter tesão em descobrir aonde vai chegar. Tem uma outra frase do Walt Disney que adoro e acredito: "Se você pode sonhar, você pode fazer." Estou louco para descobrir aonde este livro vai parar! Será que ele vai ajudar muita gente? Será que um dia minha filha o lerá?

No entanto, o sonho sozinho não sai do papel; é preciso executá-lo bem. Estou aqui escrevendo incansavelmente em vez de estar em um samba bebendo. Aliás, Disney dizia também que "para começar, pare de falar e comece a fazer". Só que, para fazer, você precisa, além de propósito, estar bem consigo mesmo. Afinal, o caminho para os feitos maiores normalmente é árduo.

E ainda mais árduo é o caminho do empreendedorismo. Por isso, a palavra resiliência é tão forte para quem resolve encarar esse caminho. Essa palavrinha, que significa o poder de voltar ao seu estado natural, resume exatamente o que acontece na vida do empreendedor. No mesmo dia que você acorda achando que ficará rico, vai dormir descobrindo que está quase falido; no mesmo dia que bate a meta, você descobre que os indicadores mostram que o próximo mês será complicado. E amanhã será preciso voltar para seu estado natural e começar tudo de novo! Isso tudo só é possível com um propósito forte e uma força interna de alguém que está equilibrado. Provavelmente, você pensará em largar tudo por diversas vezes, mas este é um indício de que o caminho é o certo, porque, do contrário, você já teria largado antes mesmo de pensar.

Aliás, na minha opinião, o empreendedorismo está intimamente relacionado a tudo que se aprende sobre viver! Está relacionado ao bem-estar físico, mental e espiritual. Na verdade, nosso sucesso em qualquer área tem mais relação com nossa capacidade de ser feliz, de estabelecer conexões, de vencer nossas próprias barreiras todos os dias (normalmente somos nossos maiores vilões), do que com questões técnicas.

Espero que goste das nossas conversas neste livro. Para finalizar este capítulo, queria compartilhar uma coisa bastante pessoal com você.

Quando vou pedir alguma coisa em minha vida, primeiro, eu agradeço por tudo que recebi até então — para mim, gratidão é uma virtude que só nos faz evoluir. (Muitas pessoas se esquecem do que receberam e de quem as ajudou, e acabam enfiando os pés pelas mãos, e se tornam ingratas.) Em seguida, peço quatro coisas:

SAÚDE
para vivenciar tudo que ainda tem por vir.

EQUILÍBRIO
para conseguir harmonizar os lados pessoal e profissional (na minha opinião, um dos maiores desafios dos empreendedores) e para ser capaz de vencer os desafios.

AMOR (E AQUI O PROPÓSITO TEM UM PAPEL FUNDAMENTAL)
tanto pelas pessoas quanto pelos momentos e projetos (para mim, sem amor, tudo parece mais difícil). O caminho fica mais fácil se estivermos apaixonados pelo que estamos fazendo e por quem está ao nosso lado.

SABEDORIA
para seguir sempre os melhores caminhos, tanto para mim quanto para todos que dependem de minhas decisões. Tomar um caminho errado é mais fácil do que parece; para escolher um caminho, é necessário ética e sabedoria.

Gosto muito de uma passagem indiana que ouvi meu amigo Vitão — na época, CEO da empresa Catamoeda — contar em uma entrevista. Era mais ou menos assim:

"Dizem que um homem tentou conquistar por anos a Deusa do dinheiro. Certo dia, ele desistiu de conquistar a Deusa do dinheiro e acabou se relacionando com a Deusa da sabedoria (que vivia dando em cima dele). A partir deste dia, a Deusa do dinheiro correu atrás dele como uma louca."

EM SUMA:

TER UM PROPÓSITO É
fundamental para o sucesso dos projetos, porém ele deve ser algo orgânico e não forçado.

O PROPÓSITO DEVE
sempre estar claro para todos colaboradores e guiar as ações da empresa como um todo.

SÓ O PROPÓSITO NÃO
o levará a lugar algum, assim como ter a melhor ideia também não serve de nada! A execução é fundamental.

ANTES DE SAIR
desenvolvendo a ideia, tente desenhar seu mínimo produto viável (MVP), vender e aprender com os primeiros clientes. Depois disso, cuide do desenvolvimento de seu produto.

CUIDE DE VOCÊ
antes de mais nada. Tente se manter feliz. A sua máquina (seu corpo, mente e alma) precisa estar forte e equilibrada para superar os difíceis obstáculos do empreendedorismo.

02

ASSUMA RISCOS E APRENDA COM OS ERROS

○ ○ ● ○ ○

Arriscar, e por vezes errar, faz parte da jornada do empreendedor de sucesso. E, enquanto você não compreender isso, sempre terá medo de errar e acabará limitando o potencial de suas ações. Se tiver humildade para admitir que errou e tentar avaliar o que poderia ter feito diferente, os erros o ensinarão mais do que os acertos. Eu já errei e não foi pouco! Nem sempre consegui aprender com os erros, mas sempre tentei fazer isso. Nem todas as decisões são capitais, a maioria delas, na realidade, são decisões que permitem voltar atrás. Então, tenha coragem de arriscar, por mais que seja doloroso para você.

A maioria das pessoas tem mais medo da derrota que esperança da vitória, mesmo quando o cenário é favorável, e isso é instintivo. Se eu apostar com você em um cara ou coroa valendo dinheiro, mesmo que eu lhe ofereça alguma vantagem — por exemplo se der cara eu lhe pago R$5 mil, se der coroa você me paga R$4 mil —, a tendência é você não topar.

No princípio da Exact, por exemplo, no início do mês contratávamos novos colaboradores, que só conseguiríamos pagar se batêssemos a meta de vendas durante o mês. Caso contrário, teríamos que fazer empréstimo, ou os fundadores deixariam de receber. Eu e meu sócio já ficamos três meses sem receber para pagar as pessoas, já oferecemos nossos bens como garantia para pegar empréstimos em banco para pagar pessoal. O risco é inerente à jornada de sucesso.

Sempre brinco que tenho uma ótima relação com o banco: meu carro, por exemplo, às vezes é meu, às vezes é do banco, servindo como garantia para empréstimos. Nesse sentido, gosto sempre de salientar que as dívidas nem sempre são negativas; se houver um bom plano de ação que gere um crescimento superior aos juros, elas podem ser uma excelente opção. Além disso, hoje existem formas alternativas aos bancos tradicionais que facilitam a tomada de crédito.

Ainda falando sobre assumir riscos, eu gosto muito de ouvir podcasts. Participei do *Playbook*, da Astella, que considero um dos melhores sobre empreendedorismo no mercado de Software como Serviço (SaaS). Nos podcasts, ao ouvir os entrevistados que fundaram startups de sucesso, perceberá que as histórias se repetem de forma praticamente unânime, exatamente como a que acabei de contar. Você encontrará empreendedores que, pouco antes de se tornarem unicórnios (valerem 1 bilhão de dólares), pegavam empréstimos com familiares para pagar a folha salarial da empresa, por exemplo.

No entanto, não estou dizendo para tomar decisões suicidas. Analise muito bem a situação, converse com pessoas experientes. Porém, se tiver convicção a partir das análises dos dados levantados, faça o que for preciso para crescer!

Você já deve ter ouvido falar de Jeff Bezos, o cara por trás de uma das maiores empresas do mundo, a Amazon. Hoje, ele é um dos homens mais ricos do mundo, com uma trajetória de vida impressionante. É um grande defensor de decisões rápidas e corajosas e de agir sem medo de errar.

Entre outras coisas, ele argumenta que algumas decisões têm consequências e são irreversíveis ou praticamente irreversíveis, como portas de um único sentido. Sendo assim, tais decisões devem ser tomadas de maneira metódica, cuidadosa e lenta, com muita consulta e deliberação, afinal, depois de atravessar essa porta, mesmo que não goste do que vê, não há como voltar para onde estava antes. Mas a maioria das decisões não é tão drástica; elas são reversíveis, como portas de dois sentidos. Se você tomou uma decisão reversível subótima, não precisa viver com as consequências por tanto tempo. Basta reabrir a porta e voltar atrás. As decisões reversíveis podem e devem ser tomadas rapidamente por indivíduos ou grupos pequenos.

Concordo muito com essa visão. Existem decisões as quais você realmente não terá a oportunidade reverter; entretanto, na maior parte das vezes, é possível voltar atrás caso seja necessário, ou até chegar a uma terceira alternativa. Acredito que este é o pensamento que faz as startups terem um diferencial operacional em relação às grandes empresas: o pensamento corajoso e ousado. O efeito cotovelo — metáfora usada para explicar o fenômeno em que os movimentos das mãos fazem com que o cotovelo faça estragos indesejados — é nulo no start de uma empresa, pois ela é tão pequena que seus efeitos não se propagam, diferente de uma grande empresa, em que uma ação em uma área tem consequências em várias outras.

Tornar-se uma grande empresa mantendo essa premissa de agilidade e coragem é algo extremamente desafiador, mas que pode se tornar um grande diferencial, como no caso da Amazon. Esse é um dos motivos pelos quais admiro tanto essa empresa.

Para uma grande empresa, o pensamento de design pode auxiliar muito! Na maioria das vezes, você não precisa mudar tudo do dia para a noite. Você pode prototipar em um universo reduzido e avaliar os resultados comparando-os com sua operação. Após essa avaliação, você decide se implementa, descarta ou, no caso mais comum, adapta a mudança (evolui).

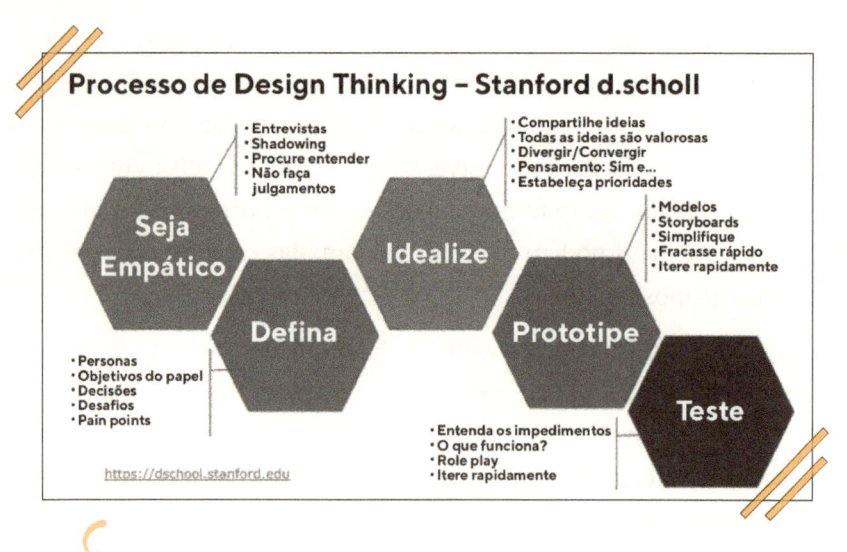

Processo de Design Thinking – Stanford d.scholl

- Entrevistas
- Shadowing
- Procure entender
- Não faça julgamentos

- Compartilhe ideias
- Todas as ideias são valorosas
- Divergir/Convergir
- Pensamento: Sim e...
- Estabeleça prioridades

- Modelos
- Storyboards
- Simplifique
- Fracasse rápido
- Itere rapidamente

Seja Empático

Idealize

Defina

Prototipe

Teste

- Personas
- Objetivos do papel
- Decisões
- Desafios
- Pain points

- Entenda os impedimentos
- O que funciona?
- Role play
- Itere rapidamente

https://dschool.stanford.edu

Fonte: Figura traduzida a partir do mapa de Stanford d. school Design Thinking Process – dschool.stanford.edu.

Lembro quando palestrei no lançamento da incubadora de uma grande empresa. A ideia era que a grande empresa selecionasse startups bastante iniciais, para aportar recursos e auxiliá-las com a estrutura. Conceitualmente parecia promissor, mas a primeira pergunta que fiz foi se as startups teriam liberdade total na tomada de decisões. Na resposta, a pessoa responsável pelo projeto deu uma enrolada para dizer que em partes seria assim. Ali já senti que dificilmente a iniciativa daria certo.

Na sequência, uma dessas startups se tornou cliente da Exact. Porém, ainda que o valor cobrado fosse pequeno (na época, R$199 por usuário), a startup demorou quase dois meses para fechar o contrato conosco, pois a decisão teve que passar pelo setor de compras e pelo jurídico. Tive ainda mais certeza de que aquele projeto estava fadado ao insucesso. Qual startup precisa dessa burocracia toda para tomar uma decisão simples? Tempos depois, o esperado aconteceu — fiquei sabendo que o projeto tinha fracassado.

Sabe por que eu já contava com essa possibilidade? Porque uma startup tem que ser um jet ski, precisa fazer manobras ousadas, tomar decisões rápidas, por vezes, arriscadas. É totalmente diferente de uma grande empresa. A grande empresa é como um grande navio, tem que tomar muito cuidado e prever as consequências de seus movimentos antes de iniciar a manobra. Se não conseguir antever resultados, terá o mesmo fim do Titanic.

O problema desse projeto de incubadora que estamos discutindo foi ele ter sido guiado por um grande navio (a grande empresa), que soltou jet skis (as startups investidas) no mar, mas os amarrou em uma corda. Assim, na verdade, ainda que os jet skis tenham a capacidade de manobrar rápido em trechos muito pequenos, acabavam precisando seguir os movimentos do navio em trechos um pouco maiores. Ou seja, as grandes empresas tiraram um dos principais trunfos de uma startup: a velocidade.

É claro que, quando nos arriscamos mais, aumentamos nossa chance de errar; porém até mesmo nesses casos o erro pode ser fundamental para a jornada de uma startup, afinal ela está em busca de um modelo escalável, e, para isso, é necessário experimentar diferentes alternativas. Além disso, no meio do caminho, os erros se tornarão grandes aprendizados, deixando a empresa mais madura.

Por falar em erros e aprendizados, vou contar um pouco da história das duas tatuagens que tenho no corpo, feitas justamente para sempre me lembrar do aprendizado que tive em dois grandes erros cometidos na minha trajetória empreendedora e de vida.

O primeiro é um erro bastante comum entre os empreendedores. Como contei no Capítulo 1, eu dedicava 16 horas do meu dia para a minha primeira empresa. Quando chegava em casa, meu pensamento ainda estava nos problemas da empresa. Eu não conseguia desligar. Com isso, fiquei doente e não conseguia mais me dedicar à empresa, ir para o trabalho deixou de ser um prazer para se tornar um fardo.

Aprendi que devemos nos preocupar com o equilíbrio das coisas na vida, tal qual um equilibrista de pratos. Temos que estar atentos para que os lados profissional e pessoal recebam, ao menos, o mínimo de atenção necessária para que os dois pratos se mantenham girando.

Equilibrar o lado pessoal e o profissional não necessariamente quer dizer trabalhar menos, mas fazer as coisas com mais qualidade, se entregar de fato para o que se está fazendo. Se estiver com a família, é hora de se concentrar na família e viver o momento intensamente; se estiver no trabalho, é hora de se concentrar no trabalho. No meu entendimento, saber fazer isso é um dos principais pontos que diferenciam os seniores dos juniores.

Ao observar as pessoas trabalharem na Exact, consigo perceber rapidamente quem tem mais e quem tem menos chance de chegar longe. As pessoas que conseguem equilibrar a vida profissional e pessoal tendem a chegar muito mais longe. As que conseguem se desligar da vida pessoal e ligar o modo trabalho com facilidade tendem a ter desempenhos muito maiores nas suas atividades diárias, assim como, quando aprendem a se desligar do trabalho em casa, elas tendem a ser mais leves e felizes. Não se trata de ficar oito a dez horas trabalhando ininterruptamente; trata-se de trabalhar com foco total no trabalho durante as horas que estiver a postos.

Vejo alguns colaboradores em seus postos de trabalho abrindo frequentemente as mídias sociais sem relação alguma com sua atividade, usando demasiadamente o celular, conversando sobre assuntos externos o tempo todo (esses normalmente não chegam muito longe). Há outros que permanecem no posto de trabalho durante menos tempo, pois saem para fumar (não defendo o péssimo hábito, que fique claro), para tomar alguma coisa ou simplesmente para arejar a cabeça. Porém, quando estão no posto de trabalho, estão ali de fato! Estão de corpo e alma para o trabalho. Esses chegam longe! Na Exact, temos diversos exemplos assim.

Acredito tanto na força do equilíbrio que tatuei em meu antebraço a figura de uma pessoa equilibrando uma haste e andando em uma corda bamba. Acredito que assim sempre me lembrarei desse ensinamento ao olhar para meu braço. Ela será meu lembrete do quanto é importante buscar o equilíbrio.

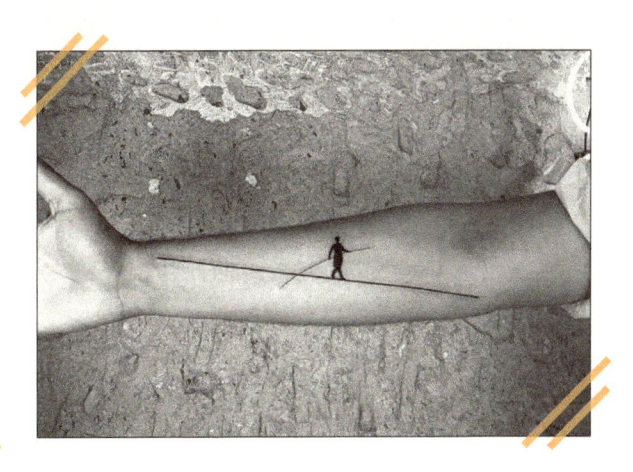

Tatuagem: Equilíbrio — antebraço direito. Tatuadora: Monike Coelho.

A segunda tatuagem é a logo da Exact. Não a tatuei apenas por ser a logo da empresa, mas pelo que ela representa. A vontade de tatuar esta figura representativa partiu de um erro que cometi e proporcionou, felizmente, um grande aprendizado. Vou explicar.

Tatuagem: Logo da Exact em pontilhismo — panturrilha esquerda. Tatuadora: Monike Coelho.

Na segunda captação financeira que fizemos na Exact, um fundo de investimentos aportou R$4 milhões em nossa empresa (ele já tinha investido R$1 milhão anteriormente). Resumindo e simplificando muito, a lógica de um fundo de investimento é colocar dinheiro na sua empresa para que você consiga crescer mais rapidamente do que cresceria com capital próprio (ou seja, sem o dinheiro dele).

Depois de utilizar os recursos injetados na empresa, você atingirá um ponto de equilíbrio (receita e despesa iguais) e não precisará mais de dinheiro de investidor, porém com um ritmo de crescimento muito mais acelerado do que se não tivesse usado esse capital.

Dessa forma, o lucro da empresa tende a ser muito maior, a partir do momento que ela julgar correto se preocupar em gerar lucro — lembrando que a lógica de uma empresa que foi investida por fundos de investimento é crescer o faturamento e/ou o número de clientes a partir do uso do dinheiro investido, logo, com prejuízo. Essa lógica tem muito sentido para empresas com faturamento recorrente mensal (MRR, na sigla em inglês), ou seja, em que o cliente paga uma mensalidade, porque há um acúmulo mensal, a base preexistente somada ao incremento de novos clientes. Vamos falar mais detalhadamente desse assunto em um próximo capítulo.

Porém, você precisa de uma tese de utilização dos recursos que pretende levantar junto aos fundos de investimentos para tentar convencê-los de que é possível obter o crescimento acelerado de que falamos. Se o investidor acreditar nisso, ele aportará o dinheiro em sua empresa, e vocês colocarão a tese em prática.

Diferente do que muitos imaginam, o fundo não passa a mandar na empresa depois de aportar recursos (ao menos, na grande maioria das vezes). Existem acordos para definir como serão feitas as tomadas de decisão. Normalmente, um conselho é constituído para esse fim, e o fundo passa a ter uma cadeira com direito a um voto. As decisões são tomadas por maioria de votos, mas somente decisões estratégicas.

Entretanto, no início da empresa, dificilmente será preciso colocar algo em votação. Normalmente, se os conselheiros discordarem de algo, tentarão convencer os empreendedores; se não conseguirem, acabarão deixando que eles sigam o caminho que julgarem correto. Afinal, se nesse momento o empreendedor não concordar, a chance de se dedicar com toda garra diminui muito, e não é interessante para o investidor criar atritos com o empreendedor, pois o bom relacionamento é a base em médio e longo prazo.

O conselho é uma reunião periódica — na Exact, é mensal —, em que, além de apresentar o desempenho da empresa no mês, como forma de alinhamento entre as partes interessadas, também levo pontos de dificuldade enfrentados, para que as pessoas de fora, por vezes mais experientes, possam me trazer outros pontos de vista e, às vezes, esclarecer as situações.

Acontece que eu e meu sócio, Felipe, tínhamos convicção de que havíamos encontrado uma grande oportunidade para desenvolver um novo produto. Desenhamos o que seria o produto, qual seria o mercado e as estratégias para colocá-lo no mercado. Levamos a ideia para o conselho e, inicialmente, eles foram contrários, afirmavam que deveríamos focar o produto que já tínhamos e que estava indo muito bem no mercado.

Batemos o pé e aprovamos o investimento. Investimos parte do dinheiro aportado pelo fundo no desenvolvimento de um novo produto — o Exact Success. Ele foi bem nas vendas logo de início — se tem algo que sempre fizemos bem na Exact, foi vender. Entretanto, o produto nos trouxe todas as preocupações iniciais quanto às adequações: camada extra de serviço, suporte muito presente, tudo que já havíamos enfrentado no primeiro produto e havíamos conseguido estabilizar, as barreiras iniciais.

Tudo isso fez com que nos dedicássemos muito ao novo produto, perdendo foco no nosso produto principal, tal qual o conselho havia nos alertado. Obviamente, as métricas do produto principal começaram a cair. O número de vendas, o número de retenção, os índices de satisfação e os custos da empresa começaram a subir para manter os dois produtos. Resultado: tivemos que descontinuar o novo produto que havíamos criado e informar ao conselho que ele tinha razão.

O aprendizado foi gigante; mas, ao contrário do que você deve estar imaginando, o aprendizado não teve a ver com ouvir mais o conselho. Nós ouvimos o que o conselho tinha a nos dizer e ficamos atentos aos primeiros indícios para recuar cedo caso necessário, e foi o que fizemos. Além do mais, em diversos outros casos em que seguimos nossa convicção, tínhamos razão e as coisas funcionaram muito bem. Conselhos servem para nos dar argumentos para refletir e, conforme o caso, mudar o rumo de uma questão ou ligar o alerta. Essencialmente, eles servem para nos fazer refletir. Do contrário, não é um conselho, é uma ordem.

O aprendizado nesse episódio foi que a palavra-mestra para o sucesso na vida profissional e, obviamente, na vida de uma empresa é *foco*! Por isso, fiz minha segunda tatuagem, a logo da Exact na panturrilha. A logo da Exact tem quatro flechas que apontam para o centro, um símbolo de foco. A resposta estava lá o tempo todo!

Por fim, quero lhe dizer que, quando mentoro algumas startups (hoje auxilio algumas empresas por meio de mentorias), observo que um dos maiores problemas que elas enfrentam é justamente a falta de foco. Empreendedores com três negócios diferentes; startups com dois produtos; startups querendo vender para quatro mercados diferentes logo no início; startups querendo ter a mesma dedicação em dois tipos de processo de venda logo de início e assim por diante. Afirmo categoricamente que, em 99% dos casos, isso é um erro. É preciso ter foco. Falaremos mais sobre isso em um capítulo específico sobre o assunto.

EM SUMA:

TENTE SE EMBASAR ANTES DE TOMAR DECISÕES
e seja corajoso, não tenha medo dos erros; apenas aprenda com eles.

ENTENDA QUE TIPOS DE DECISÕES
devem ser realmente pensadas à exaustão e quais devem ser tomadas rapidamente. Dica: a maior parte delas deve ser do segundo grupo.

CRIE PROTÓTIPOS
para as soluções em um universo reduzido; quando tiver dúvidas, avalie os resultados e decida se descartará, implementará ou adaptará a solução.

BUSQUE O EQUILÍBRIO
entre a vida pessoal e a profissional, tenha foco em cada momento e se dedique de corpo e alma a ele. Se estiver no trabalho, que seja de verdade; se estiver com a família, busque esquecer o trabalho e se dedicar a ela.

03

DE ONDE SURGEM AS BOAS IDEIAS

DE ONDE SURGEM AS BOAS IDEIAS

Lembro que, quando vendi a Dois Pra Um, fiquei completamente perdido. Realmente não sabia exatamente o que faria da vida e saí procurando emprego desesperadamente. Tinha sido muito difícil e doloroso para mim vender a empresa.

Após passar o momento de dor, conversei com todo mundo que me procurava com algum tipo de oportunidade, pois fiquei inseguro quanto a conseguir ou não um bom emprego. Não queria ficar muito tempo longe do mercado.

Então, decidi me acalmar e pensar no que queria fazer de fato, em vez de sair disparando e-mails com currículo e me inscrevendo em todas as vagas possíveis como fiz nos primeiros dias. Decidi pensar no que fazia meus olhos brilharem e em que atividade minha experiência podia ser mais valorizada.

Agora, você deve estar imaginando que pensei que essa seria a hora de voltar a empreender, mas confesso que era a última coisa que passava na minha cabeça. Tinha como certo que nunca mais empreenderia em minha vida. Cheguei à conclusão de que o que eu queria era trabalhar em um parque de diversões em design de experiências. Sou viciado na Disney, fui diversas vezes para lá, li os livros e tinha convicção de que eu poderia auxiliar um grande parque de diversões chamado Beto Carrero World, aqui de Santa Catarina.

Nessa época, minha maior expertise era análise e desenho de processos e criação de produtos, e isso era muito sinérgico com meu desejo. Então, certo dia, fui ao Beto Carrero World e mapeei toda a jornada do visitante. Da compra do ingresso na bilheteria, passando pelas filas, pela alimentação, pelos brinquedos, pelo processo de conhecer outras pessoas etc. Tirei fotos, documentei e fui embora.

Em casa, elaborei um documento com quatro ideias de ações que, no meu entendimento, poderiam auxiliar o parque em gargalos que eu havia detectado na minha visita e o enviei para o diretor de marketing do parque. Eram ações simples, para serem instaladas sem um grande custo operacional. Não me lembro dos detalhes de todas, mas vou contar uma delas para exemplificar:

GARGALO MAPEADO
Falta do que fazer nas filas e falta de interação entre os visitantes.

SOLUÇÃO PROPOSTA
No ticket do parque poderia ser impresso um trecho de uma música e, caso o portador do ticket encontrasse o trecho seguinte (que estaria em um ticket aleatório de outro visitante), os dois passariam direto pela fila de três brinquedos à sua escolha, com direito a um acompanhante cada.

Neste caso, foi detectado que as pessoas no parque interagiam pouco umas com as outras e isso pode ser importante, pois novos vínculos criados em um local específico aumentam a chance de retorno das pessoas ao local, além de elevarem o índice de satisfação. Vínculos emocionais são muito fortes.

Porém, este não era o maior problema a ser atacado, e sim as filas imensas que faziam as pessoas se desligarem totalmente do parque e se conectarem novamente com sua vida fora dele, com seus problemas, por meio do celular. Isso causa uma perda de encantamento e acaba gerando insatisfação.

Na Disney, também há filas gigantescas, mas existe uma contextualização dos brinquedos durante as filas — cada brinquedo tem um tema e as filas são uma imersão nesse tema. Em alguns brinquedos também ocorrem dinâmicas interativas por meio de tecnologias — por exemplo, uma parede com uma bola projetada, em que o grupo na fila consegue interagir para não deixar a bola cair no chão.

Isso resolve o problema? Óbvio que não, mas cria uma distração capaz de fazer você não se reconectar ao mundo externo ou até mesmo sentir que o tempo passa mais rápido.

O que a Disney faz é muito legal, mas muito caro também. Então, a ideia de ter um jogo simples que ajudasse as pessoas a se ocuparem durante as filas, conforme propus, é uma forma de prototipar um desvio de atenção do problema de maneira barata. Ainda que ajudasse 1%, a ideia poderia desencadear outras que levariam a se pensar, aí sim, em soluções mais custosas, pois já teriam o retorno sobre o investimento comprovado.

Basicamente, as boas ideias normalmente não iniciam complexas e não surgem simplesmente porque você queria ter uma boa ideia e se julga alguém criativo; elas nascem da boa detecção de problemas do dia a dia. As melhores ideias surgem das pessoas mais observadoras. O passo a passo de uma boa ideia, na maioria das vezes, é:

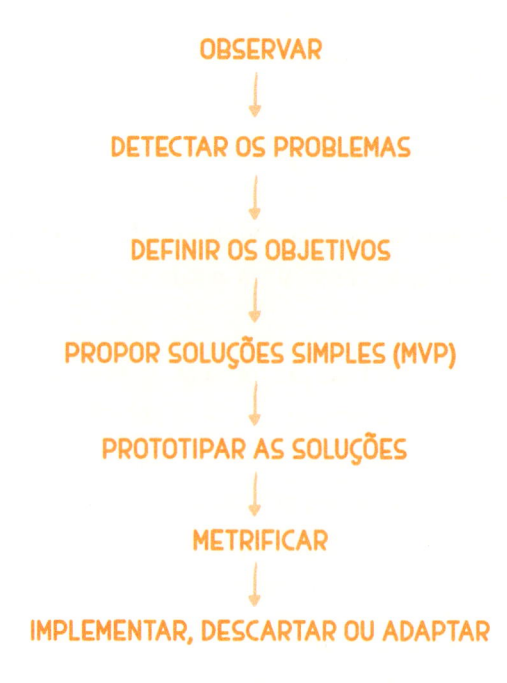

OBSERVAR

↓

DETECTAR OS PROBLEMAS

↓

DEFINIR OS OBJETIVOS

↓

PROPOR SOLUÇÕES SIMPLES (MVP)

↓

PROTOTIPAR AS SOLUÇÕES

↓

METRIFICAR

↓

IMPLEMENTAR, DESCARTAR OU ADAPTAR

O material com as quatro ideias foi enviado para o diretor de marketing do Beto Carrero na época, que entrou em contato comigo me chamando para uma conversa. Conversamos, e, apesar de dizerem ter gostado, nitidamente estavam mais preocupados com o trabalho necessário para colocar a ideia em prática do que com o possível resultado positivo que poderia gerar. Além do mais, eu estava propondo uma nova área, o que tornava tudo ainda mais complexo.

Dias depois, fui chamado para uma nova reunião em que estavam presentes o diretor de marketing da época e uma outra pessoa que assumiria o marketing a partir dali. Pessoas ótimas! No entanto, me falaram que a princípio não teriam como criar essa nova área naquele momento, mas que estavam montando uma área de call center e que, pelo meu perfil, acreditavam que eu seria uma boa aposta para gerenciá-la. E que, então, poderíamos pensar aos poucos na criação da nova área. Perguntaram se eu tinha interesse e pedi três dias para pensar.

Nesses três dias, algumas coincidências aconteceram. Eu estava estudando muito sobre call center, para decidir se fazia sentido para mim, e cada vez mais percebia que aquele não era um caminho adequado para minha carreira. Porém também acabei conhecendo algumas evoluções da ideia de call center nas minhas pesquisas.

Constatei que algumas pessoas começavam a pensar na área de prospecção ativa de novos clientes como uma etapa anterior ao envolvimento do vendedor, quando se falava de vendas complexas — ou seja, vendas com alto ticket médio ou muitas etapas até a finalização, tais como proposta personalizada, análise técnica, testes etc. Tinha início um processo de compreensão do que era necessário conversar com o cliente na etapa de prospecção, de como entender melhor o cliente nessa primeira etapa.

Em paralelo à proposta do Beto Carrero World, surgiu a oportunidade de uma entrevista de emprego para uma ex-cliente da Dois Pra Um, uma startup chamada Welle Laser. Na época, a empresa, que fabricava máquinas para marcação a laser, estava no início de sua história, mas já despontava devido à alta qualidade do produto. Outro fator que a destacava era o fato de os fundadores dominarem muito o assunto, com experiências recentes no laboratório de laser do Fraunhofer Institute na Alemanha. Então, o padrão de produto desenvolvido se igualava ao padrão europeu — altíssima qualidade.

Eu gostava muito da empresa e participei do processo seletivo, chegando até uma entrevista com o Rafael Bottós, um dos fundadores e CEO da empresa. Lá, ele me mostrou o desafio do marketing da empresa (na qual eu esperava conquistar uma vaga de emprego ou consultoria) e me encantou por ser um cara muito aberto e animado. Adorei o desafio, mas na realidade o que me encantou foi a possibilidade de prototipar, na área de prospecção da Welle, algumas coisas que tinha visto em meus estudos.

Queria testar algumas hipóteses, mas antes precisava planificar o processo e descobrir se era ali que a empresa precisava focar, de fato. Se era esse o gargalo da empresa. Não poderíamos focar isso só porque eu queria.

Lembro que a proposta do Rafael era muito abaixo do que eu ganharia no Beto Carrero World, mas a flexibilidade para testar coisas novas seria muito maior. O Rafael me propôs uma porcentagem sobre a comissão dos vendedores em geral, que aumentaria muito de acordo com o crescimento que eu conseguisse auxiliar. Fechamos para eu ficasse encarregado de revisar os processos de marketing, propor novas ações para a área e gerenciar o andamento das ações propostas. Felizmente, a Welle encarava que a etapa de prospecção fazia parte do marketing.

Sempre fui um cara focado, então, apesar da ânsia da empresa em resolver tudo que estava defasado, (site, parte gráfica etc.), meu primeiro passo foi observar e depois planificar os números (essa parte foi fácil, pois os caras eram engenheiros, portanto, a maior parte dos números estava pronta). Então, mapeei os gargalos e percebi que o grande problema estava na conversão das visitas de venda em vendas de fato (era necessário fazer muita reunião para conseguir fechar uma venda).

Concluída essa fase, meu foco estava definido, os outros aspectos recebiam pouca dedicação e eu concentrava praticamente todo meu tempo em melhorar os processos de segmentação, em definir para quem valeria a pena enviar o vendedor para uma visita, para tentar melhorar o gargalo, só que em escala (ou seja, aumentando o volume).

Como o volume de leads necessário para atingir as metas era alto, eu precisava de uma previsibilidade maior quanto à quantidade exata de leads que entraria no funil de vendas (para ter uma máquina previsível). No entanto, como as conversões históricas das fontes ativa de clientes potenciais (pessoas com quem entrávamos em contato sem nenhum contato anterior) e passiva (pessoas que solicitavam o contato) eram praticamente as mesmas, acabei optando pela prospecção ativa como fonte principal.

Este é um ponto em que observo muitas empresas errarem: escolher sua fonte de água limpa (sua fonte de clientes potenciais, de leads) a partir do que mais gostam ou do que parece ser mais legal, quando, na verdade, este é um processo fundamental para o sucesso de uma máquina de vendas e deve ser decidido levando-se em conta todos os objetivos e variáveis envolvidos. Outra falha comum é a empresa querer fazer tudo ao mesmo tempo! Foco é palavra de ordem, então escolha uma coisa de cada vez.

Minha primeira tentativa, aproveitando a estrutura prévia, foi seguir uma estratégia de ter engenheiros em formação procurando empresas no Google, ligando e segmentando, baseados no conhecimento que dávamos a eles.

Logo percebi que a conversão de fato começava a apresentar boas melhoras em alguns casos, mas dependia muito do tempo de casa do engenheiro responsável por essa parte do trabalho (o que, além de ser um problema para a escalabilidade, gerava um problema quando um profissional de destaque precisava ser substituído — já que o engenheiro não desejava seguir essa carreira). Além disso, os engenheiros tinham um volume de ligações baixíssimo, o que dificultava o equilíbrio entre o custo dessas posições e os resultados gerados.

A partir disso, decidi prototipar uma ideia em planilhas e implementar o conceito de padronização e replicação de boas práticas. Para mim, a padronização é a base de um bom processo, é o que possibilita escalar a solução, se necessário, encontrar mais facilmente o gargalo ou mesmo estruturar melhor os dados.

Ouvi as ligações do melhor engenheiro prospectador e, com o auxílio de alguns vendedores, montei uma planilha com uma árvore de derivação de perguntas. Ou seja, eu fazia uma pergunta e, com base na resposta do cliente, passava para outra pergunta predefinida. Fazia isso simulando o que o melhor engenheiro faria, o caminho que ele seguiria (o método era bastante rudimentar, mas começou a funcionar!).

Depois disso, eu precisava replicar a decisão. Escolher quais eram bons ou ruins para visitar. Estudei algumas formas, e a mais interessante que encontrei era a de score. Cada resposta tinha uma nota baseada em sua importância positiva ou negativa para o todo. Assim, no final se chegava a uma nota (score) total das respostas. A partir daí, defini faixas de notas para classificar o lead como congelado, frio, morno, quente ou muito quente.

Com isso, conseguimos contratar pessoas que não só não eram engenheiros, como nunca tinham ouvido falar de laser na vida. Com elas, consegui um volume infinitamente maior de prospecção do que com os engenheiros e com uma qualidade similar, devido ao uso das planilhas. Deu tão certo que a Welle Laser passou de um faturamento de R$1,3 milhão no ano anterior para R$10,6 milhões no ano em que rodamos essa nova forma de prospectar. Esse resultado teve ajuda direta de nosso método, somado ao excelente time de vendas e ao produto de qualidade muito superior aos disponíveis no mercado. A Welle foi apontada como o maior crescimento do Brasil dentre as PMEs no ranking da Deloitte naquele ano.

Você percebeu que tudo que aconteceu aqui veio da combinação de observação e prototipação? Para mim, as boas ideias surgem assim. Além disso, as soluções para os problemas também nascem do repertório criado ao longo de sua carreira.

Neste caso, além de meu repertório sobre processos, obtido da experiência em minha primeira empresa (a Dois Pra Um Design), adquiri um novo repertório ao estudar call centers em razão da oportunidade surgida no Beto Carrero World, bem como durante meu TCC na pós-graduação, sobre o tema segmentação e qualificação, no qual desenvolvi um projeto para um cliente da Dois Pra Um chamado Herweg Relógios.

Para mim, segmentar e qualificar nos faz poupar tempo e nos leva a focar as melhores oportunidades. Com isso, conseguimos clarear as interpretações, tentando levar em conta não uma única variável, mas combinações de variáveis.

O TCC foi construído qualificando e cruzando características dos relógios de parede da marca, entendendo as vendas e avaliando as combinações de características (formato do relógio, formato do ponteiro, cor, imagem etc.) que poderiam gerar, juntas, os melhores resultados. O artigo acabou sendo escolhido para o Congresso Nacional de Excelência em Gestão (CNEG).

Eu deveria ter ido apresentar o artigo no Rio de Janeiro, se não me engano, mas vi uma promoção e acabei comprando a passagem para São Paulo por engano. No fim, acabei não apresentando o artigo. Essa história é um bom exemplo de como as decisões por impulso podem nos levar a fazer besteira!

Depois do êxito na Welle, eu achava que a ideia pudesse virar uma consultoria. Então, o fundo que investia na Welle me convidou para fazer a mesma coisa em uma outra empresa dele, a Nanovetores. Para verificar se era possível escalar a consultoria (esta era minha ideia na época), contratei Diego Max (hoje diretor de relacionamento da Exact) para implementar as planilhas na nova empresa. Basicamente, eu ensinava ao Diego tudo que eu tinha feito e ele implementava na nova empresa. Obviamente, o Diego ajudou muito a evoluir aquela ideia, trazendo outros pontos de vista.

O projeto deu certo novamente! A Nanovetores cresceu muito e foi apontada como o segundo maior crescimento no Brasil no ano seguinte, de acordo com o mesmo ranking que apontou a Welle como líder no ano anterior.

É claro, isso despertou muito interesse de outras empresas e filas de espera começaram a ser criadas para implementação das planilhas. Este foi o início da Exact, a implementação de planilhas. Porém, por motivos óbvios, elas começaram a travar, demorar para abrir e acabaram limitadas quanto à evolução que eu entendia ser possível.

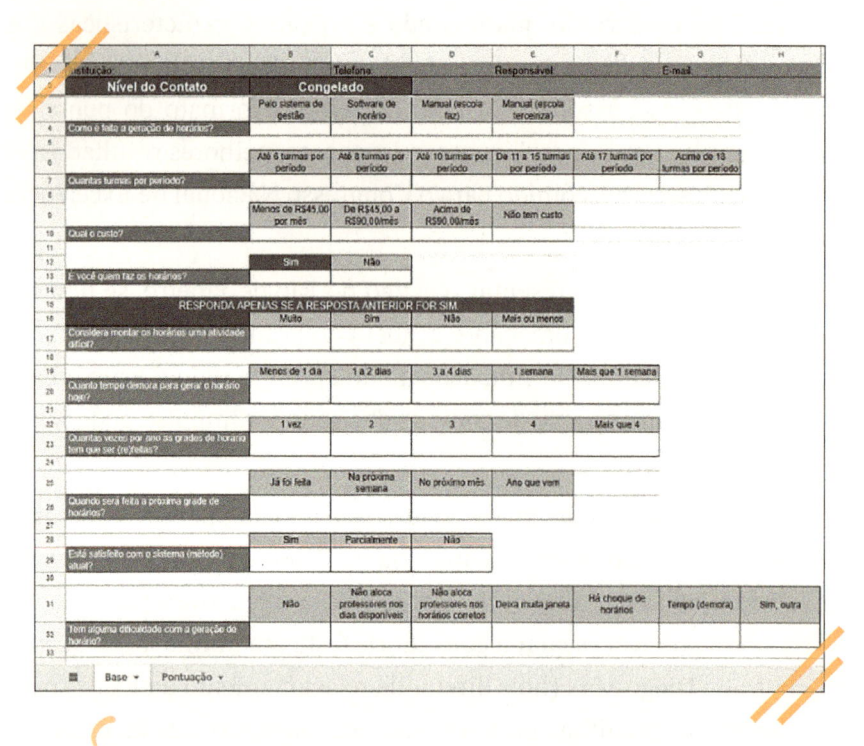

Exemplo de planilha que vendíamos para os clientes — mínimo produto viável da Exact.

Entendi que era preciso desenvolver um software, pois não era possível prosseguir com as planilhas travando e limitando minhas ideias de evolução do projeto. Eu me uni ao Felipe Roman, pois não tinha ideia de como fazer isso. Por fim, desenvolvemos o software e, assim, acabei voltando para o jogo do empreendedorismo.

A lição mais importante que quero deixar com tudo isso é: as boas ideias sempre vêm da observação do dia a dia!

↔

EM SUMA:

AS BOAS IDEIAS VÊM DA BOA OBSERVAÇÃO

e da detecção de gargalos dentro dos processos presentes no dia a dia do observador.

UM BOM PASSO A PASSO PARA NOVAS IDEIAS É

observar, detectar o problema, definir os objetivos, propor um MVP, prototipar soluções, metrificar e, aí sim, implementar, descartar ou adaptar a ideia.

BUSQUE PADRONIZAR SEUS PROCESSOS

não só para facilitar a replicação, mas para estruturar os dados e facilitar as análises.

ESTEJA ATENTO ÀS OPORTUNIDADES

de segmentação e qualificação com base em conjuntos de variáveis; isso ajuda a clarear as situações.

04

OLHE PARA ONDE NINGUÉM ESTÁ OLHANDO

OLHE PARA ONDE NINGUÉM ESTÁ OLHANDO

Neste capítulo, falaremos sobre uma coisa que considero fundamental para o sucesso. No meu entender, por trás de qualquer tipo de trabalho há sempre uma oportunidade, e não existe trabalho tão pequeno que não lhe permita se destacar, seja participando ativamente ou auxiliando em sua execução, pois sua parte sempre compõe um todo.

Aliás, muitas vezes, as pessoas não estão atentas aos trabalhos aparentemente de menor valor agregado, que acabam ficando defasados, gerando gargalos e se tornando grandes oportunidades de inovação. Explicarei melhor o meu pensamento.

Lembro que meu primeiro emprego foi como entregador de panfletos. Basicamente, eu queria comprar uma prancha melhor para surfar. Meu pai, me conhecendo bem, falou que não me daria outra prancha, já que eu tinha uma e mal usava — eu terceirizava a culpa de não ir surfar na qualidade da prancha que tinha. Depois disso, percebi o quanto as pessoas fazem isso o tempo todo: terceirizam a culpa, em busca de uma falsa justificativa.

Aliás, eu era péssimo surfando, e meu pai tinha toda razão! Porém eu queria aquela prancha. Moral da história: decidi que, se eu não ganharia o dinheiro, então trabalharia para consegui-lo.

Acontece que o pai do nosso vizinho da época tinha uma van, na qual ele levava uma molecada para distribuir panfletos, e pagava R$50 por dia — ou até que acabassem os panfletos. Quando você finalizasse seus panfletos, poderia voltar para a van para esperar os demais. Então, fui entregar panfletos para comprar a minha prancha!

Lembro que ali as pessoas já traçavam suas estratégias para acabar a sacola de panfletos o mais rápido possível, e alguns se destacavam mais que outros. Eu, por exemplo, procurava ir para o lado da rua (e escolher a rua) com mais prédios, pois assim poderia distribuir vários panfletos de uma vez só nas caixas de correspondência dos apartamentos.

Outros, procuravam o lado sujo da coisa, buscando caminhos que tivessem mais lixeiras, para que, quando ninguém estivesse olhando, pudessem jogar fora algumas resmas de panfleto. Uma hora eles eram descobertos fazendo isso e mandados embora; fazer a coisa errada nunca compensa — e não digo isso de forma leviana, digo porque realmente acredito nisso. Se tenho um conselho para lhe dar e que tenho certeza de que é bom é: fuja dos caminhos eticamente errados! À primeira vista, um caminho mais simples pode parecer legal, mas a verdade é que, uma hora, a conta chega.

Enfim, o bacana é que, no caso dos panfletos, tinha como fazer melhor e se destacar usando estratégias simples, pois era um trabalho no qual poucos paravam para pensar em uma estratégia mínima, antes de sair fazendo. Então, ainda havia muito espaço para inovar e colocar em prática estratégias como a que eu fazia, simples e eficaz! Bastava querer.

Esse tipo de situação é muito mais comum do que você imagina. Se olharmos com atenção, sempre há um lugar onde pouca gente parou para pensar em boas estratégias.

Acho que vale a pena parar um pouquinho com o tema do capítulo para contar uma história envolvendo "agir errado" que me marcou muito na vida. Lembro-me de uma situação que aconteceu comigo muito cedo. Um colega de faculdade vendia coisas roubadas, e eu queria um som para meu carro, mas não tinha dinheiro suficiente. Juntando as coisas, você pode imaginar que comprei esse som por um valor muito baixo.

Acontece que, nos primeiros dias, veio o peso na consciência na hora de dormir; depois, o som começou a parar de funcionar; e, por fim, fui roubado e levaram o som do carro (isso tudo em uma sequência muito rápida). Acredito que esse foi o jeito de o Universo me dizer para pegar os caminhos corretos — acho que o Universo tenta nos dizer muitas coisas durante toda nossa vida, principalmente no dia a dia profissional, e ele diz para todos! Pena que a maioria das pessoas só está atenta às mensagens que levam aos caminhos mais "fáceis" — as mensagens que elas querem ouvir.

Certa vez, recebi uma proposta para fazer um contrato que dizia que eu tinha prestado um serviço que não havia prestado (como forma de viabilizar meu pagamento, já que a empresa tinha regras e só poderia me pagar por serviço e não pelo software). Eu pensei em assinar, pois parecia algo inofensivo, mas aconteceram duas coisas que me fizeram mudar de ideia:

1. Um dos meus colaboradores me chamou atenção dizendo que não achava correto e que não combinava comigo fazer aquilo. Sempre incentivei o feedback direto e reto por este motivo, para que os outros possam contribuir com meu aprendizado;

2. Um de meus mentores me falou naquela semana, do nada, que o maior aprendizado dele era só fazer as coisas que o travesseiro dele não cobrasse depois, por menor que fosse a cobrança, ou seja, só fazer o que não tirasse nem um minuto de sono na hora de dormir.

Então, sempre pense duas vezes antes de fazer qualquer coisa que pareça não ser tão legal. Na minha opinião, não vale a pena. Se ficar em dúvida, não faça.

Retomando a questão da força dos trabalhos desvalorizados e das oportunidades que ali residem, quero compartilhar uma história de quando eu era estagiário. Cheguei em uma área responsável por reunir grupos de pessoas em reuniões; meu chefe era muito gente boa, mas, na realidade, não tinha muita coisa para fazer por lá. Eu via outros estagiários da minha turma da faculdade na mesma situação em outras empresas, mas achando legal não ter o que fazer. Eu particularmente sempre odiei ser improdutivo (acho que você se torna alguém melhor à medida que produz).

As reuniões que nossa área tinha que marcar ficavam sempre vazias, mas não havia muita cobrança, logo continuavam assim. Então, encontrei algo dentro do trabalho que, a meu ver, poderia gerar valor. A base de contatos estava totalmente defasada e resolvi atualizá-la na mão; era algo que ninguém queria fazer por parecer uma atividade de baixo valor agregado e, por isso, a base continuava defasada. Foi difícil, de fato, eu precisava ligar para um por um para atualizar os dados, a maioria não atendia ou a secretária não me deixava falar com a pessoa. Meu próprio chefe parecia não dar muito valor para aquilo.

No fim, atualizei a base e consegui agendar reuniões com um número de participantes muito maior do que vinha acontecendo. Isso pelo simples fato de que agora, com uma base atual e funcional, era possível enviar um e-mail convidando as pessoas e elas o recebiam, já que o cadastro de e-mail estava atualizado.

Então, na realidade, o trabalho de higienizar a base, que parecia burocrático e de pouca importância, era fundamental para melhorar o resultado da área como um todo.

Levei isso por toda minha trajetória empreendedora desde minha primeira empresa. Sempre entendi a importância de atividades que pareciam de baixo valor agregado, e o quanto elas viabilizavam projetos maiores. Aliás, na minha opinião, normalmente aquelas atividades que ninguém quer fazer são, na verdade, a base para os grandes feitos.

Gosto sempre de frisar que há oportunidades como essa em todos os lugares. Darei outro exemplo de história que mostra como o bom observador, com o foco nas pequenas coisas, pode sempre construir algo maior. Em Florianópolis, tem um cara chamado Sérgio Brasil — o Serginho. Ele tocava em bandas de pagode e era recreador de um resort chamado Costão do Santinho. Lá, ele contratava outras bandas de pagode para animar as festas dos hóspedes. No entanto, ele observou um gargalo: as bandas chegavam atrasadas; não passavam o som antes; muitas vezes, chegavam já com bebida na mão, entre outras coisas.

Atento, Serginho montou uma banda com foco nesse gargalo, que parecia ser algo menos importante, afinal, para muitos, o que torna uma banda melhor que as outras é somente o talento musical. Então, ele fundou uma banda junto com outros caras igualmente comprometidos: estabeleceram regras, organização financeira, padrões de vestimenta, repertório-padrão etc. Além do talento que tinham, estavam cuidando dos detalhes. Naquele momento, surgia em Florianópolis uma banda de pagode realmente profissional! Essa banda hoje chama-se Quinteto S.A., e é a maior banda de pagode de Santa Catarina.

Normalmente, o gargalo não está no óbvio; pelo contrário, ele tende a estar no que prestamos menos atenção! Lembro-me de um caso que me marcou muito, o de um cliente da Exact chamado Neoprospecta. Eles têm uma tecnologia fantástica para encontrar focos de infecções hospitalares, entre outras aplicações.

Certa vez, eles me relataram que descobriram que o foco de um surto era o tanque onde as roupas dos médicos eram lavadas. O mais óbvio seria pensar que alguém não usou luva ou que algum material de fora do hospital estava entrando sem fiscalização etc. Ninguém estava olhando para a limpeza das roupas, pois isso tinha pouco valor agregado. Até que alguém resolveu analisar o hospital como um todo e descobriu onde estava o gargalo do controle de infecções do hospital.

Falando superficialmente sobre gargalos, um indiano genial chamado Eliyahu Goldratt escreveu um livro intitulado *A Meta,* que aborda o conceito de Teoria das Restrições (TOC). No livro, ele define uma série de questões, entre elas, o que é um gargalo. Segundo ele, o gargalo é o elo fraco da corrente, e reforça a máxima de que "a força de uma corrente é definida por seu elo mais fraco".

Analisando a questão sob um olhar de biônica (observando as soluções da natureza), percebemos que os animais já nos mostram isso! Em uma alcateia, por exemplo, quem dita o ritmo em que todos caminham são os lobos mais velhos, que, neste caso, são os gargalos da velocidade do grupo. Eles vão na frente, seguidos pelos mais fortes, que são capazes de defendê-los caso haja um ataque (posicionados estrategicamente a partir do gargalo). Lá no final, vai o líder. Então, a velocidade de todos é controlada pelo lobo de menor velocidade e a ordem da fila é definida para proteger este gargalo; e assim são os processos dentro das empresas.

Organização da alcateia — biônica e TOC.

Vamos imaginar o tempo de atendimento na emergência de um hospital. Por exemplo, imagine que você tem duas atendentes e um médico; essas atendentes conseguem atender à demanda toda muito rapidamente, porém o médico é um só, e os doentes começam a se acumular nos corredores, pois já foram atendidos na primeira etapa, mas acabam presos no gargalo do processo.

Então, o gargalo está no tempo de atendimento do médico. Ou ele já atingiu sua capacidade máxima de atendimento e é necessário um novo médico, ou ele pode melhorar sua velocidade de atendimento, ou não é necessário ter duas atendentes, por exemplo.

O problema é que a maioria das empresas concentra esforços no que é mais legal, ou está na moda, e não em identificar e solucionar seus gargalos reais. Um dos grandes motivos é que para fazer isso, normalmente, é preciso intensificar o trabalho em áreas e trabalhos que, à primeira vista, não são tão interessantes assim. É preciso valorizar alguns tipos de trabalho historicamente pouco valorizados, pois normalmente são neles que residem os gargalos. Se essas atividades não andarem, os projetos como um todo não andam.

Na minha primeira empresa (a Dois Pra Um Design), em uma época que já estávamos com um tamanho considerável, tínhamos um cliente de relógios de parede que era um dos maiores do Brasil; ele queria que o ajudássemos na exposição de seus relógios em uma feira. Acontece que, normalmente, os relógios ficavam pendurados em pregos e barbantes nas paredes, e eu queria que fosse diferente, pois não achava que esse tipo de exposição fosse legal para dar valor agregado ao produto. Entretanto, o cliente não estava disposto a gastar dinheiro com isso.

Mesmo assim, comprei uma fita 3M e fui pessoalmente na feira, um dia antes, pendurar relógio por relógio. Alguns acabaram caindo (admito que a ideia tinha essa falha), mas, no final, ficou muito mais bonito e atrativo que os demais stands que continuavam expondo da mesma maneira. O resultado da feira foi superbacana e o cliente ficou satisfeito.

O que quero dizer é que muitos se negariam a fazer o trabalho de pendurar os relógios pessoalmente, por não verem valor ou por dizerem não fazer parte de seu trabalho; mas, se ninguém fizesse isso, a ideia não viraria realidade, e o projeto não sairia do papel da forma como foi pensado. Então, sempre fiz o necessário para o projeto acontecer.

A Welle Laser (empresa em que trabalhei logo depois de vender a Dois Pra Um, como contei no capítulo anterior) estava investindo em links patrocinados e em aumentar o time de vendas, quando o gargalo era entender melhor o cliente. Assim, utilizaram estudantes de engenharia para ligar ativamente para empresas e descobrir se eram clientes em potencial da Welle. Eles procuravam os nomes das empresas na internet e ligavam, simples assim. Apesar de dar resultado, não existia um padrão de abordagem nem um volume que tornasse esse resultado de fato significativo. Os engenheiros, apesar de competentes, não valorizavam a função e não estavam dispostos a ligar o dia todo e ter que enfrentar várias pessoas grosseiras no telefone, por exemplo. Acontece que este era o gargalo: a função que era pouco valorizada.

O que fiz foi tentar replicar o comportamento que o engenheiro teria ao telefone, para que uma pessoa menos experiente pudesse fazê-lo. Criei planilhas baseadas no comportamento dos engenheiros, que indicavam o que deveria ser perguntado e, com base nas respostas, quais ações deveriam ser tomadas. Depois disso, contratei pessoas juniores para exercerem essa função utilizando as planilhas, esperando que elas valorizassem mais a função e me dessem mais volume de ligações.

Ainda assim, muitos não davam o devido valor ao trabalho e não criavam volume de ligações, não entendiam o poder do resultado que poderiam ter. Outros, em contrapartida, se dedicavam e faziam a diferença! Assim, além de aumentar significativamente seus salários, começaram a se credenciar para entrar em outras áreas da empresa, já que estavam o tempo todo em contato com o mercado e utilizando as lógicas das pessoas consideradas "seniores". Além de terem sido a base do crescimento das vendas.

No fim das contas, além dos profissionais de prospecção se valorizarem (eles eram chamados de pré-vendedores), a empresa atingiu um resultado fantástico. Saiu de R$1,3 milhão de faturamento no ano anterior para R$10,6 milhões no ano que o projeto foi feito.

O principal aprendizado que gostaria de deixar neste capítulo é nunca desvalorizar nenhum tipo de trabalho. Pelo contrário, entenda que, em muitos casos, os gargalos estão justamente nos trabalhos que parecem menos interessantes ou com menor valor agregado. Imprima força em otimizar os gargalos, senão acabará chovendo no molhado como a grande maioria.

EM SUMA:

NORMALMENTE, AS MELHORES OPORTUNIDADES ESTÃO ONDE NINGUÉM ESTÁ OLHANDO

e nos trabalhos que parecem menos atraentes. Normalmente, as pessoas concentram suas forças no que parece mais divertido e deixam de enxergar as oportunidades ocultas nesses trabalhos.

SEMPRE TENHA UMA BOA RELAÇÃO

com seu travesseiro. Nunca siga o caminho mais fácil se não for o mais ético.

QUANDO QUISER RESOLVER UM PROCESSO,

procure onde está o gargalo e concentre seus recursos para solucioná-lo. Foque o gargalo!

SEMPRE FAÇA O QUE FOR NECESSÁRIO

para vencer os gargalos, mesmo que tenha que entrar pessoalmente na operação e resolvê-los você mesmo — caso não tenha recursos para movimentar. Seu tempo é precioso e deve ser concentrado nos gargalos, por mais que, às vezes, resolvê-los seja uma questão operacional e você tenha um papel tático e/ou estratégico.

05

APRENDA QUE METADE DE NADA É NADA

APRENDA QUE METADE DE NADA É NADA

Quando fundei a Exact, estava cheio de dúvidas sobre se valeria a pena entrar novamente nessa vida maluca que é empreender. Sempre digo que só quem já empreendeu sabe bem o que é isso. Como é não saber se terá dinheiro para pagar os funcionários, alternar entre meses maravilhosos e péssimos, ver o jogo todo mudar do dia para a noite, fazer empréstimos para não falir etc.

Então, naquele momento, coloquei uma condição para mim mesmo: para fundar uma nova empresa, eu teria que encontrar o sócio perfeito. Eu adorava meus sócios na Dois Pra Um, principalmente o Alexandre, com quem aprendi muito e que até hoje é uma das pessoas que mais admiro profissionalmente! O cara é um monstro. Mas o relacionamento tinha me deixado alguns aprendizados importantes.

Éramos um pouco imaturos e iniciamos em muitos sócios (seis, especificamente). Em teoria, esses sócios teriam diferentes funções dentro da empresa, mas na prática, aos poucos, eu e o Alex fomos praticamente engolindo os demais, em razão de nossas características de liderança e vendas.

Não houve brigas, mas acreditávamos que todos deveriam ter exatamente os mesmos deveres, que todos tinham que vender igual, por exemplo — pois tinham a mesma porcentagem inicial da empresa. Na minha visão, olhando em retrospecto, acho que isso foi um erro, embora na época parecesse lógico.

Querer que um cara com característica introspectiva vendesse igual a nós era como pedir para um peixe subir em uma árvore. Hoje vejo que era loucura!

Com o tempo, os demais sócios foram saindo da empresa e ficamos somente o Alexandre e eu. Nós nos ajudávamos muito, éramos muito amigos e parceiros, mas acabávamos dividindo a empresa praticamente em duas, cada um vendia e era responsável por gerenciar os projetos que vendesse. Então, na prática, ambos faziam a mesma coisa dentro da empresa, cada um com seus clientes (isso é muito comum).

Na nova empresa, além de precisar de competências mais específicas, eu precisava de mais complementaridade de perfil. Eu e o Alexandre éramos muito parecidos em tudo. Os dois eram acelerados, criativos, comunicativos, um pouco bagunçados, ansiosos, ambiciosos e os dois eram designers. Até esteticamente éramos parecidos! Lembro que quando íamos receber prêmios sempre tínhamos que responder se éramos irmãos. Até brincávamos que usaríamos isso como marketing, fazendo uma brincadeira com os designers mundialmente famosos, Irmãos Campana.

Theo e Alexandre recebendo o prêmio IDEA Brasil 2012 em duas categorias — considerado o Oscar do design nacional.

A princípio, isso pode parecer ótimo, mas a falta de contraponto tem um lado ruim. Éramos tão parecidos que entramos juntos em um ritmo insustentável. Nenhum dos dois pôs freios, porque nenhum dos dois tinha freios, para início de conversa. É importante haver perfis diferentes para manter o equilíbrio.

Então, tracei as características da pessoa que queria ter como sócia nesta nova jornada e fui perguntar se alguém conhecia um cara assim. A verdade é que eu já tinha um nome, mas queria conhecer outras opções. Nessa busca, primeiro identifiquei as características que considerava importantes.

Defini alguns critérios cruciais:

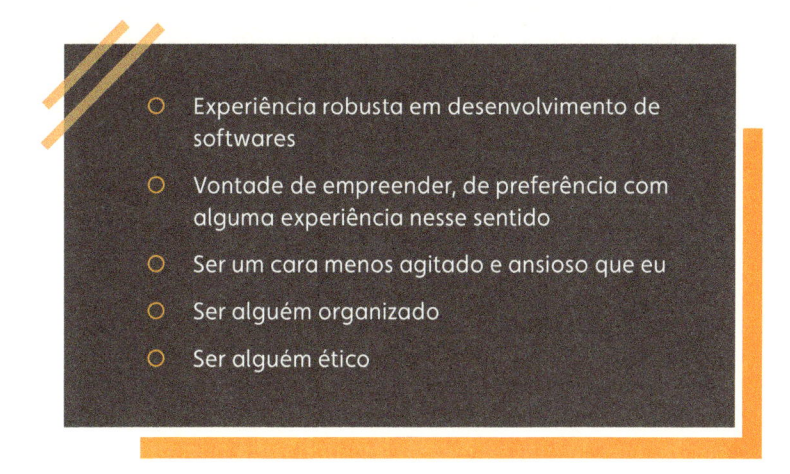

- Experiência robusta em desenvolvimento de softwares
- Vontade de empreender, de preferência com alguma experiência nesse sentido
- Ser um cara menos agitado e ansioso que eu
- Ser alguém organizado
- Ser alguém ético

Obviamente, não seria uma tarefa fácil. Fiz uma lista de pessoas a partir da minha pesquisa e cheguei a três bons nomes: o que eu já queria desde o início e mais dois novos.

No entanto, a verdade é que, ao analisar o cara que tinha em mente e os outros dois candidatos, percebi que não tinha comparação. Eu precisava focar o nome que havia pensado desde o início, Felipe Roman.

Havíamos estudado juntos na época de colégio, éramos amigos e sempre nos demos muito bem. Eu sabia que ele era uma pessoa calma, ética e organizada. Ele tinha mais de dez anos de experiência em programação e sempre foi um cara muito bom em tudo que fazia. Os únicos dois pontos contra eram ele não ter experiência com empreendedorismo e sermos amigos demais — na minha visão, isso poderia ser um problema em algum momento.

Pensei muito e vi que os pontos a favor eram muito mais fortes que os contra, então decidi encarar. O único problema era que ele tinha acabado de assumir um novo desafio como gerente da VC-X Consulting, uma empresa muito legal de Florianópolis que trabalha com redução de custos de telefonia.

Tratei de me preparar e fiz, talvez, a venda mais importante da história da Exact: convenci o Felipe a topar o desafio, largar tudo e empreender comigo! Aliás, no final, foi menos difícil do que eu pensava, pois ele já tinha essa vontade dentro dele e gostou muito do propósito e da ideia que apresentei.

Estávamos iniciando a empresa. Eu era um zero à esquerda em tecnologia, e ele era excelente nessa área. Assim, para trazê-lo a bordo, cedi 50% da empresa para ele. Queria que ele tivesse a maior motivação possível e achava justo iniciarmos do mesmo ponto de partida.

Contei essa história em uma de minhas palestras e alguém questionou se me arrependia de ter oferecido os 50%, se não teria conseguido trazê-lo por menos, já que eu estava levando uma bagagem com a ideia central e alguns clientes. A resposta foi não, nem um pouco. O Felipe também trouxe uma grande bagagem e era exatamente o sócio de que eu precisava. Além do mais, não sei se por causa dela, hoje ele é muito mais que o cara de tecnologia — ele se transformou em um homem de negócios, que dá a vida pela Exact. É incrível poder ter alguém com características complementares para trocar ideias, e não "somente" alguém para cuidar da tecnologia — e isso tem ajudado muito.

Gosto de dizer que a ideia não é nem 20% do sucesso de uma empresa; ele vem da execução. Então, para mim, naquele momento a Exact ainda não era nada. Sendo assim, era muito justo dar metade de nada para quem estaria desde o início ao meu lado nessa trajetória. A Exact não existia antes do Felipe; tudo que eu tinha era uma ideia.

Quando presto mentoria, vejo muitos empreendedores apegados demais à ideia, achando que ali têm uma mina de ouro. Afirmo categoricamente que, se não entenderem que a ideia é apenas uma pequena parte e que o mais importante é a execução, eles estarão fadados ao insucesso.

Lembro que uma vez recebi uma inscrição para mentoria de um homem de Porto Alegre. Quando cheguei lá, ele queria que eu assinasse um termo de confidencialidade para poder me dizer o que era o produto dele. Falei que seria a mentoria mais rápida da minha vida! A única coisa que eu tinha para lhe dizer era que ele não era o Einstein para ter uma ideia tão brilhante a ponto de ter que protegê-la a quatro chaves e que, se não mudasse a forma de pensar, não sairia do lugar com a ideia. E, com isso, no futuro, veria a mesma ideia voando com outra pessoa e diria: "Nossa, eu tive essa ideia lá trás, mas faltou apoio e..."

Voltando à história da fundação da Exact, depois de trazer o Felipe Roman, tentei convencer uma outra pessoa a entrar na sociedade, mas desta vez não fui bem-sucedido. Na época, essa pessoa estava fazendo uma pós-graduação e trabalhando em outra empresa, por isso negou o convite. Eu e o Felipe pensamos se faria sentido chamar mais alguém naquele momento e cogitamos fazer uma proposta para uma figura estratégica (uma espécie de investidor-anjo) que acelerasse as coisas. Propus convidarmos os donos da Welle, e o Felipe topou na hora.

Ligamos para os irmãos Bottós e os convidamos para participar do projeto. Eles tinham alguma experiência com fundos de investimento (o que para nós era uma coisa dificílima de entender, algo que ficava lá no Vale do Silício e só investia em quem viesse de uma faculdade com nome difícil), conheciam bem o conceito de pré-vendas da forma com que estávamos propondo (afinal, ele foi testado pela primeira vez na Welle) e tinham os números da Welle para nos passar como caso de sucesso (os quais pretendíamos usar irrestritamente, por mais sigilosos que fossem). Eles também ajudariam com a parte jurídica, financeira e a estrutura inicial. E ainda tinham o compromisso de citar a Exact nas reportagens em que aparecessem (estavam bastante em alta na mídia), além de convidar os amigos empresários para uma palestra minha. Essa foi nossa negociação na época.

Também já fui bastante questionado se me arrependo de ter chamado, naquele momento, cofundadores não executivos, como os gêmeos da Welle. E, mais uma vez, afirmo categoricamente que não me arrependo nem um pouco. Eles foram fundamentais para o início tão forte que tivemos. Dificilmente teríamos o mesmo crescimento inicial sem eles.

Talvez a única coisa que teria feito diferente seria estar mais atento à questão da diluição do *cap table*.

CAP TABLE nada mais é que uma tabela descrevendo a quantidade de ações da empresa que cada sócio tem e, consequentemente, a proporção de ações em relação ao total da empresa.

O número de ações é importantíssimo para definir vários fatores, como, por exemplo, quanto cada sócio receberá se a empresa for vendida. Vou dar um exemplo para facilitar: digamos que eu tivesse 50% das ações de uma empresa; caso ela fosse vendida por R$100 milhões, eu receberia R$50 milhões na venda.

Hoje, acho que poderia ter conseguido o mesmo engajamento deles, cedendo menos participação (ações) do que cedi na época — acho que nenhum de nós sabia disso na época. Não que eu me arrependa, mas, se eu tivesse o conhecimento de hoje, provavelmente não faria da mesma forma por questões estratégicas futuras. Minha sorte é que eles são pessoas muito qualificadas e sempre buscaram entender e auxiliar a Exact no que fosse preciso para nos adequarmos a cada etapa da empresa, mas penso que, se fossem pessoas fechadas, tradicionais e não empáticas, eu teria um problema gigantesco com essa questão.

A questão não foi só ter ficado com poucas ou muitas ações. Até porque, em comparação a outras empresas que admiro, eu e o Felipe temos bastante ações individualmente, após o volume de rodadas de investimento que já fizemos e o montante que já foi investido (eram R$20,9 milhões até aqui, quando finalizamos nossa série A). Porém, para os fundos de investimento das rodadas maiores, quando estamos falando do universo de startups de tecnologia, é muito importante entender quantos por cento da empresa ainda está nas mãos dos executivos, por questões estratégicas futuras e por saberem que ainda terão muitas outras rodadas pela frente.

Por mais que uma pessoa tenha individualmente muitas ações, se não houver um montante mínimo de ações nas mãos dos executivos (pessoas que atuam diariamente na empresa), fica muito mais difícil manter a atratividade da empresa para os fundos de investimento das rodadas maiores. Tenho usado como referência a tabela divulgada pelo Capshare, para entender qual o equilíbrio ideal nessa equação. Os dados são baseados em casos de sucesso norte-americanos para estabelecer um cenário ideal em cada rodada de investimento que a empresa fizer.

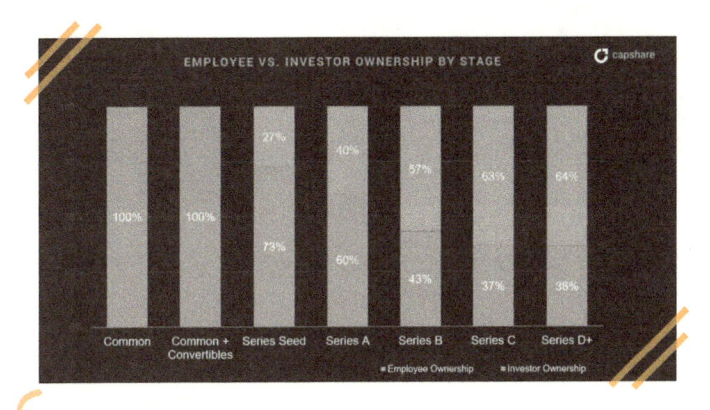

Tabela de proporção de executivos no cap table X rodada de investimento.

Depois da entrada dos irmãos Bottós, estruturamos a Exact formalmente e, em fevereiro de 2015, iniciamos a operação de fato. Então, começamos a pensar como vender nossas planilhas, enquanto o Felipe desenvolvia um esboço de software, que nada mais era do que planilhas que não travavam.

Os Bottós, além de estarem presentes em todas as decisões iniciais, auxiliaram muito cumprindo o acordo de nos citar nas entrevistas e juntar os amigos empresários para uma palestra minha.

Nós havíamos nos mudado para a sala anterior da Welle na incubadora Celta, onde passaram empresas como Welle, Nanovetores,

Audaces, Automatisa, Cianet, Intelbras, WEG, Chaordic e Resultados Digitais. Lá ocupávamos uma pequena sala, com um armário herdado da Welle e duas mesas que trouxemos de casa (a minha era a mesa de costura da minha mãe), mas já tínhamos muita ambição. Porém, mesmo nos nossos planos mais ambiciosos, acho que não imaginávamos que as coisas aconteceriam tão rapidamente.

Primeira sala da Exact na incubadora Celta, em Florianópolis — 2015.

O Celta Tecnológico é um local de referência para empresas de tecnologia de Florianópolis, então decidimos fazer a palestra acordada pelos Bottós lá mesmo. Claro que o fato de o espaço ser muito bacana e ter sido oferecido pela incubadora para o evento também colaborou na escolha.

Na palestra, além de fazer as cinco primeiras vendas da Exact, conhecemos Adonay Freitas, que viria a ser uma das pessoas mais importantes da história da Exact. Sócio de uma das cinco empresas que nos contrataram na ocasião, ele também era analista de um fundo de investimento chamado CVentures.

Depois da palestra, conversamos com Adonay sobre investimentos, e ele disse que tinha interesse em conhecer melhor a Exact, para possivelmente investir na empresa. Nesse dia, surgiu uma valorosa colaboração para a construção de nossa história. Adonay começou a nos mostrar que a Exact não tinha nascido para ser uma empresa de consultoria que oferecia um software, como pensávamos; na verdade, seu destino era ser uma empresa de software (um SaaS)! Isso mudou tudo na empresa!

No entanto, eu ainda estava muito indeciso quanto ao início de uma nova empresa, não queria mais começar todos os meses sem ter ideia do que aconteceria, de quanto faturaria. Então, comecei a estudar a alternativa sugerida por Adonay e descobri que no mundo do SaaS tinha uma coisa chamada recorrência, ou seja, o cliente paga uma mensalidade pelo software (MRR, sigla em inglês para *monthly recurring revenue* ou receita recorrente mensal). Com ela, a empresa ganha previsibilidade, o que significa que, em condições normais, você terá uma boa ideia de quanto vai faturar em cada mês. E isso é vida!

Desta forma, topei ser uma empresa de software (SaaS) assim que descobri exatamente do que se tratava. Porém, enquanto não tínhamos o software, vendíamos as planilhas, pois eram o único jeito de ganharmos dinheiro para depois investir no produto. Por termos pouco dinheiro, pouca mão de obra e pouco tempo, resolvemos focar inicialmente um único mercado (tecnologia, pois era no qual tínhamos casos de sucesso, com a Welle e a Nanovetores); uma única forma de prospecção (ativa pelo telefone) e uma única cidade — Florianópolis (onde a Exact foi fundada), pois optamos por iniciar com visitas presenciais e não tínhamos dinheiro para viajar.

Sim, optamos inicialmente por visitas presenciais! Em termos de escala, essa estratégia tem vários pontos negativos, tais como o equilíbrio de custos e o controle da operação. Entretanto, a conversão de vendas é maior neste tipo de reunião, e naquele momento o foco era vender o máximo possível para aprender e, depois, desenvolver, independentemente de ter escala ou não, de custar mais ou menos e de ser replicável ou não.

Então, levantamos a lista de empresas de tecnologia de Florianópolis e contratamos uma estagiária para o contato ativo usando as perguntas que desenhamos em nossas planilhas (casa de ferreiro, espeto de ferro!).

Estávamos replicando o que foi feito na Welle e na Nanovetores, fazendo para nós o que estávamos vendendo para os outros.

Depois do contato inicial, eu visitava a empresa que passava pelo filtro e fazia a venda. Vendíamos muito!

Nesta etapa, Adonay nos ajudou a entender como desenhar o planejamento de cinco anos, para que, por meio do tal *método de fluxo de caixa descontado*, chegássemos ao "valor" que a empresa tinha na época (o famoso *valuation*).

A verdade é que isso era uma grande loucura! Planejar cinco anos era um exercício de futurologia completamente louco — se pedíssemos a uma vidente para elaborar o planejamento, teríamos mais chance de acertar. Mesmo assim, com o planejamento "superconfiável" em mãos, chegamos a um valor e fomos apresentar nossa empresa e o planejamento para o head (cabeça) do fundo na época.

O cara foi supergrosseiro desde o início, já começou a reunião dizendo que nossa abordagem havia sido errada. Respondi que, na realidade, não havíamos sido nós que os procuramos, sendo assim, não tinha como ser diferente (foram eles que nos procuraram por intermédio do Adonay). Você deve imaginar como estava o clima neste momento para seguirmos a reunião.

No meio da apresentação, ele perguntou quanto achávamos que a empresa valia, de forma muito arrogante. Respondi o valor que havíamos chegado com nosso grande planejamento de cinco anos, no qual eu tinha plena "confiança" (ao menos essa era a impressão que eu tinha que passar).

Ele disse que o valor não fazia sentido, que a empresa não valia nem metade. Acabamos a reunião ali mesmo, ficou insustentável, não fazia sentido continuar a conversa quando estávamos tão distantes em todos os sentidos. Saí da reunião indignado com a postura do sujeito, não queria trabalhar com um cara assim nem por R$1 bilhão.

Minutos depois, recebi a ligação do "chefão" do fundo, o Fiates. Eu já o conhecia e sempre o admirei muito. Ele me perguntou como foi a reunião, respondi que tinha sido terrível e contei a história. Falei que o cara tinha sido extremamente grosseiro e que, por isso, não tínhamos interesse em dar andamento ao projeto. Esse era, de fato, o meu sentimento naquele momento; meu problema não era ele não ter concordado com quanto a empresa valia (para ser sincero, nem eu concordava muito), mas o motivo de minha indignação foi a grosseria — detesto trabalhar com pessoas grosseiras.

> **VALUATION:** Processo de estimar quanto uma empresa vale, determinando seu preço justo e o retorno de um investimento em suas ações.

Acontece que Fiates me adiantou que o tal head estava de saída e perguntou se tínhamos interesse em continuar a conversa diretamente com o restante da equipe. "Claro que sim", respondi. Afinal, tínhamos adorado a interação com Adonay.

Mais tarde, vim a saber que o cara que havia sido grosseiro estava em um momento superdifícil da vida, com problemas de saúde. É difícil julgarmos uma pessoa por uma só ação, então não acho que ele fosse um babaca ou algo assim, mas eu realmente não estava disposto a trabalhar com alguém que, em uma primeira interação, havia me tratado tão mal.

Por fim, fizemos uma apresentação para o comitê de investimento da Cventures/CRP. Logo que chegamos ao escritório da CRP em Porto Alegre, ficamos impressionados; o elevador do prédio era maior que a nossa empresa. Fomos instruídos a aguardar em uma sala e estávamos, obviamente, supernervosos.

Se me lembro bem, fomos a última empresa a apresentar. Os 45 minutos previamente reservados viraram 30 depois que as outras empresas atrasaram suas apresentações. Nossos 5 minutos iniciais foram usados para apresentar todos que estavam sentados em torno da imensa mesa — era o presidente disso, o CEO daquilo, o diretor disso... e, quando parecia que tinha acabado, eles apresentaram as pessoas que estavam acompanhando por videoconferência. Estávamos muito nervosos, é claro, mas respirei fundo e me lembrei de uma frase que aprendi com o Alexandre, meu primeiro sócio: "O 'não' você já tem, o pior que pode acontecer é continuar assim."

Quando vi que teria pouco tempo, resolvi jogar o planejamento fora e me concentrar em nos vender, Roman e eu, como empreendedores capazes e a ideia como algo que solucionava uma dor real das empresas — além de focar os fatos de que, em nossos seis primeiros meses, havíamos vendido muito e nossos clientes estavam muito satisfeitos, obtendo resultados incríveis. Por fim, mostramos um PowerPoint com o modelo de como seria o software (ou o que imaginávamos que seria). Lembro que mal citei os números do planejamento.

Depois da reunião, conseguimos, com apenas seis meses de vida e sem um software pronto, captar R$1 milhão, sendo avaliados em R$5,9 milhões (valor após o investimento).

O que isso significa? Estávamos trocando cerca de 17% da empresa por R$1 milhão para investir nela (para chegar nessa porcentagem, é só dividir o valor investido pelo valor da avaliação). Além do dinheiro, existia uma outra entrega tão importante quanto: a ajuda de um fundo de investimento muito participativo e qualificado.

Vejo muitas empresas aceitando investimento de pessoas despreparadas e trazendo mais problema do que solução para o dia a dia. Então, isto foi fundamental para a Exact: nossos investidores foram sempre nossos maiores parceiros.

Para que você entenda, o objetivo do fundo que investe em startups de tecnologia não é dividir os lucros com base nesse percentual (pelo menos, não deveria ser). Ele objetiva comprar as ações quando a empresa vale pouco (R$5,9 milhões, por exemplo) e vendê-las por um valor muito superior após cinco anos, por exemplo. Ganhando na valorização.

Hoje, menos de 5 anos depois desse investimento, a Exact está avaliada em quase R$100 milhões. Um belo negócio para a Cventures.

Ainda éramos praticamente nada e eles apostaram alto em nós. Foi um dos melhores negócios que já fiz na minha vida! Esse é o melhor tipo de negócio, mutualístico, bom para todos!

EM SUMA:

SEU SÓCIO DEVE COMPLEMENTAR
suas características, tanto técnicas como comportamentais. Não procure pessoas iguais a você, que só concordarão com tudo.

ENTENDA O QUE VOCÊ PRECISA
para sair da inércia. Entenda o valor agregado que cada novo sócio ou investidor-sócio lhe trará em cada etapa. Não busque somente dinheiro. Cuidado para não trazer um sócio ou investidor que lhe gere mais problemas do que soluções.

CUIDADO COM A DILUIÇÃO DO SEU CAP TABLE,
entenda o tamanho certo para cada rodada de investimento e o seu limite de diluição — isso norteará o limite da avaliação de sua empresa.

O QUE DEFINIRÁ O VALOR DE SUA EMPRESA
no início não será o planejamento louco que você fará. Será a sua capacidade de convencer os investidores de que você e seu sócio são capazes, aliada à sua capacidade de demonstrar que o mercado de fato tem essa necessidade e que você tem uma boa proposta de solução.

06

COLOQUE O CLIENTE SEMPRE NO CENTRO DE SEUS PROCESSOS

○ ○ ● ○ ○

COLOQUE O CLIENTE SEMPRE NO CENTRO DE SEUS PROCESSOS

Em uma empresa, o cliente deve estar no centro de qualquer proces- so. Isso não significa que ele sempre tem razão, e sim que o cliente e sua dor devem estar sempre em primeiro plano. Neste capítulo, vamos tratar de um conceito que conheci e de que gosto muito, o customer centric selling (CCS), ou cliente no centro do processo de venda.

Parece óbvio que as empresas deveriam colocar os clientes no centro do processo de vendas, mas a verdade é que poucas empresas de fato o fazem. Conheci esse conceito ao assistir a uma entrevista de um cara que considero um dos maiores consultores de venda do mundo, Jacco Van Der Kooij (CEO da empresa Winning by Design e autor do livro *Blueprints for a SaaS Organization*). A entrevista era para um evento online do qual eu também participei, chamado B2B Summit.

Na entrevista, Jacco falou sobre o que significava para ele fazer uma venda em que o cliente realmente é o centro do processo. Segundo ele, colocamos o cliente no centro quando buscamos entendê-lo antes de vender, e, para isso, nada melhor do que fazer perguntas. Ele explicou citando o exemplo de um médico que, em uma consulta, apenas lhe dá uma receita sem fazer uma única pergunta sobre seu problema. Seria inadmissível, o médico seria processado. O mesmo aconteceria se você recorresse a um advogado e ele lhe desse um aconselhamento jurídico sem perguntar nada sobre o caso.

Então, por que em vendas normalmente saímos dizendo o que o cliente potencial precisa, sem sequer termos perguntado nada sobre o que ele está vivendo, sobre o que está sentindo? Saímos querendo educá- -lo, sem sequer saber se ele está pronto para ser educado ou sobre o que ele precisa ser educado.

Simples, isso ocorre porque o cliente não está no centro dos nossos processos. Só queremos vender da forma mais rápida e com menos envolvimento humano possível. Queremos que ele se eduque sozinho e, se for viável, compre sem nem falar conosco — é o mais fácil, um cenário perfeito para nossa empresa.

A questão é: Será que isso é bom para o cliente? Será que ele não acabará comprando algo de que não precisava, interpretando errado alguma questão fundamental, desconsiderando uma excelente opção por ter tido mais acesso a outra etc.?

Em vendas complexas, vender bem sem ser consultivo é quase impossível, e, mesmo que o cliente acabe comprando, há uma grande possibilidade de ele comprar algo que não era exatamente o que precisava e acabar virando um detrator de sua empresa.

Ao assistir à entrevista de Jacco, eu me identifiquei na hora, já que esse é um dos propósitos centrais da Exact. Acreditamos que temos que perguntar mais, antes de afirmar; que, antes de iniciarmos uma venda, precisamos entender se de fato a venda faz sentido e qual o melhor produto a oferecer. Antes de receitar um remédio (produto) para o cliente potencial, é necessário entender primeiro se ele está doente e, depois, qual sua doença. A chave para uma boa venda é compreender o cliente antes de vender. Ao nosso ver, essa é uma venda honesta.

Devemos avaliar diferentes aspectos antes de identificar se alguém está pronto para comprar nosso produto ou serviço. Fazer as perguntas certas, na maior parte das vezes, é mais importante do que fazer as melhores afirmações.

Na Exact, dividimos o processo de vendas em duas grandes etapas. A primeira é composta de perguntas estruturadas (discovery call — ligação de descoberta), que geram dados importantes a partir das respostas — esta é uma etapa mais rápida e objetiva — e, caso interpretemos que faz sentido avançar com esse cliente potencial, iniciamos a segunda etapa, que consiste em um processo mais longo de apresentação. Somente nesta fase é que iniciamos uma reunião de vendas propriamente dita.

Existem várias formas já consagradas no mundo todo de como estruturar as perguntas da primeira etapa e interpretar as respostas. Para simplificar, normalmente elas girarão em torno de três aspectos principais:

1. **Olhar técnico:** Aspectos relacionados a limitações técnicas de utilização do produto ou serviço que você pretende vender.

   Lembro-me de um cliente da Exact que começou a fazer perguntas estruturadas por telefone para os clientes potenciais que estava prospectando, antes de partir para uma reunião de vendas presencial. Com apenas uma pergunta técnica, ele descobriu que, em 18% dos casos a apresentação de venda seria inútil, pois a venda seria impossível de ser finalizada por algum tipo de limitação técnica.

   Neste caso específico, ele vendia uma máquina que só podia ser instalada em linhas de produção que tivessem esteira com uma velocidade máxima "X", ou seja, se a esteira fosse mais veloz que "X", a venda não faria sentido para o cliente.

   Assim, a partir do momento que ele passou a perguntar para o cliente potencial, por telefone, qual a velocidade de sua esteira de produção, antes de fazer a reunião de apresentação, conseguiu diminuir em 18% as reuniões que não teriam chance de converter em venda ou das quais resultariam vendas ruins (pois o cliente sairia frustrado).

   Uma pergunta simples, como a velocidade da esteira de produção do cliente, evitou o desperdício de tempo — seu e do cliente — e de recursos (gastos com avião, gasolina, hotel...) para uma apresentação de vendas fadada a não ser concluída.

2. **Olhar situacional:** Um cliente potencial pode ter todas as características não só para ser um cliente, mas para se tornar um grande caso de sucesso do produto e/ou serviço que você está oferecendo. Entretanto, se o momento não for o correto, se não tiver orçamento ou mesmo se você não estiver falando com a pessoa certa, dificilmente a venda será concretizada.

   Em uma das minhas palestras, para exemplificar e deixar mais claro, eu brincava que adoraria comprar uma Ferrari, mas infelizmente, situacionalmente, não tenho a menor condição financeira para isso!

A partir desta passagem de minha palestra, vou dar uma fugidinha do assunto. Acho que aí vale uma curiosidade sobre o alcance do ser humano! Uma vez, uma pessoa que tinha ido à minha palestra, falou para um colaborador, em uma ligação telefônica, que eu estava ficando "mala", pois estava falando na palestra que compraria uma Ferrari!

Então, saiba que nem todos os seres humanos têm o alcance para entender o que você está tentando comunicar, por mais claro que você esteja tentando ser. Esteja atento se seu público-alvo está entendendo corretamente sua mensagem! Mas não se culpe se alguém fora dele não estiver.

3. Olhar profundo sobre as dores: Não adianta tentar vender um remédio para dor de cabeça para quem está sentindo dor nas costas. A analogia parece infantil, porém esse erro é muito comum entre as empresas que estão ingressando no mercado, por ainda estarem apaixonadas demais por todo potencial que seu produto pode ter.

Lembro o caso de uma empresa cliente chamada Nanovetores, que tinha um produto fantástico de nanotecnologia — na verdade, ela tinha o conhecimento e um laboratório capaz de desenvolver produtos fantásticos. Por exemplo, podia usar nanotecnologia em uma camiseta para que, no caso de um tiro, ela liberasse determinado medicamento automaticamente na região afetada. Ou, ainda, criar uma calça jeans que só com o uso diário reduz drasticamente a celulite. Enfim, algo simplesmente fantástico, porém extremamente amplo.

O problema era justamente este: diante de todas as possibilidades do produto, a venda acabava se tornando uma venda por amor, ou seja, a empresa não precisa do produto, mas amou a ideia.

Assim, na Nanovetores, tivemos que inverter o processo. Em vez de apresentar tudo que a tecnologia podia fazer, ligávamos e perguntávamos para o cliente quais projetos ele tinha em aberto no momento, quando seriam lançados os novos produtos, qual seria o mote da campanha, quais apelos seriam explorados, quem eram os fornecedores já selecionados etc. Assim, quando fôssemos apresentar o produto, mostraríamos apenas uma aplicação capaz de auxiliar exatamente no projeto que ele tinha em mente, sanando sua dor.

Neste projeto, conseguimos um resultado fantástico, ajudando a reduzir o tempo de negociação em mais de três vezes e a aumentar o faturamento no comparativo ano a ano em mais de sete vezes. Foi sensacional!

Temos que ter em mente que as pessoas compram por duas razões:

AMOR:
elas não precisam do produto, mas ficam encantadas com o que ele tem a oferecer. Por exemplo, a pessoa tem um ótimo celular, mas não consegue resistir ao novo lançamento de última geração, então, apesar de não precisar, acaba trocando de celular, por amor.

DOR:
Elas precisam de um remédio para sanar um forte incômodo. Por exemplo, uma telha quebrada provoca goteira em sua casa, então você precisará comprar uma telha nova.

E É IMPORTANTE TAMBÉM SABERMOS
que problemas e dores são coisas diferentes. Eu posso estar com a camisa toda manchada (um problema), mas nem ligar para isso. Entretanto, se eu estiver com ela assim a caminho de uma reunião de emprego, aí esse problema pode virar uma dor! Vou ter que trocar de roupa, e se não tiver tempo, vou ter que comprar uma camisa nova.

Principalmente quando falamos da compra entre empresas (B2B), em que uma empresa compra de outra, a motivação mais rápida e fácil para vender é a dor.

Como falamos anteriormente, é preciso estar atento para entender quem pode comprar nosso produto ou nossa ideia antes de oferecê-lo. Na realidade, é mais do que isso: temos que compreender quem tem as características certas para fazer o melhor uso de nosso produto e/ou serviço para ter sucesso e, aí sim, partir para a venda. Aliás, o cliente precisa estar no centro de nosso processo não só nas vendas, mas principalmente no atendimento durante o consumo de nosso produto e/ou serviço.

Nesse quesito, o meu exemplo preferido é a Disney. Sou um apaixonado pela forma com que ela encanta seus clientes. A Disney é para o atendimento o que o Toyota é para a produção (se você é da área de administração certamente entenderá essa analogia). Mas o que quero dizer é que, neste sentido, eles são os melhores. Tudo é pensado para encantar o cliente durante o consumo do serviço de entretenimento que adquiriu, desde o momento em que ele entra em um parque Disney.

No Magic Kingdon, um dos mais conhecidos parques de diversão do mundo, logo ao entrar, você é recepcionado nas catracas, na maior parte das vezes, por idosos simpáticos que lhe desejam um bom dia com um grande sorriso no rosto. Na entrada, pode retirar um fone com tradução simultânea, além de pegar mapas de todo o parque traduzidos para o seu idioma, pois pessoas do mundo todo o visitam. Os atendentes têm bandeirinhas nas roupas para que você possa identificar quais idiomas eles falam e tirar dúvidas. A música vai ficando mais alta à medida que você adentra ao parque e se aproxima do castelo, que está no centro. A pintura é retocada todos os dias para tudo estar perfeito para os frequentadores. Tudo é pensado para encantar.

Em meus estudos para conhecer melhor a Disney, fiquei fascinado com um uma passagem que gostaria de compartilhar. Certo dia, uma criança esqueceu seu bichinho de pelúcia em um dos parques. A criança, que só dormia com seu bichinho, ficou desesperada e chorou muito. A mãe, igualmente desesperada vendo o sofrimento da filha, mandou um e-mail para a Disney perguntando se alguém havia encontrado um bichinho de pelúcia e explicando a situação.

Ela foi prontamente respondida. Eles haviam encontrado o ursinho e o enviariam o mais rápido possível. Isso por si só já seria incrível, mas a Disney foi além e transformou um momento de angústia em uma experiência inesquecível para a garotinha. Além do urso de pelúcia, enviaram fotos dele nos brinquedos (gastaram cinco minutos para fazer isso no computador) com uma cartinha escrita à mão, com os dizeres:

> *Mamãe, gostei tanto deste lugar que tive que brincar mais um pouquinho, desculpe a demora.*

Isso sim é encantar o cliente — mesmo diante de uma adversidade, e quando o cliente nem está mais consumindo o serviço e/ou produto, você ainda tem a oportunidade de colocar o cliente em primeiro plano e encantá-lo. Qualquer outra empresa teria simplesmente enviado de volta o ursinho, e, na maioria dos casos, teria inclusive cobrado o envio, mas para a Disney essa foi mais uma oportunidade de encantar o cliente.

Outro bom exemplo da Disney é quando uma criança hospedada em sua rede hoteleira fica doente. Ao chegar no quarto depois de voltar da enfermaria do hotel, ela se depara com uma carta assinada pelo Mickey desejando melhoras!

E o que a Disney ganhou com tudo isso? Essas famílias contam para outras, que contam para outras, que contam para outras, e a história alcança o mundo todo, dando ainda mais força para a marca da empresa.

Essas histórias foram tão difundidas que são imortalizadas neste e em outro tantos livros. Então, além de essa família ter uma grande possibilidade de retornar aos parques, ela fez uma propaganda que não tem preço. O boca a boca é uma das armas mais poderosas para fortalecer a marca e até mesmo gerar vendas.

EXISTEM ALGUMAS MÉTRICAS

utilizadas no mercado para entender como seu cliente vê a sua empresa. Uma das principais e mais usadas é a chamada Net Promoter Score (NPS).

Considero-a uma métrica muito boa, devido à sua simplicidade. Ela é usada para metrificar o quanto de pessoas promotoras ou detratoras de sua marca você gera. Essa métrica foi criada por Fred Heichheld, em 2003, em um artigo para universidade de Harvard. Hoje existem variações e "evoluções" a partir dela, mas essa métrica basicamente se baseia em uma única pergunta:

DE 0 A 10

qual a probabilidade de você recomendar a nossa empresa/produto/serviço a um amigo?

Aqueles que responderem 9 e 10 são promotores; 7 e 8 são neutros; e de 6 para baixo são detratores. Para calcular o NPS, levante o número de promotores e subtraia do número total de detratores, depois divida o resultado pelo número de respondentes e transforme o número em uma porcentagem.

DE MANEIRA GERAL,

essa é uma métrica comparativa. Existem sites com benchmarking (comparativos) por mercados. Alguns sites divulgam um score geral para você se embasar minimamente, mas tenha cuidado, pois esse número varia muito de mercado para mercado. As métricas são:

- De 75% a 100% é a zona de excelência;
- De 50% a 74% é a zona de qualidade;
- De 0% a 49% é a zona de aperfeiçoamento;
- de -1% para baixo é a zona crítica.

Isso quer dizer que a Disney não erra? Claro que erra, mas a chance de os clientes serem mais pacientes com os erros é muito maior. Eu mesmo sou um exemplo disso. Apesar de ser praticamente viciado na Disney e em tudo que ela representa — fui umas cinco vezes —, já vivi momentos não tão agradáveis e encantadores.

Em um dia de chuva, descobri, frustrado, que não havia como circular sob uma área coberta. Em outra ocasião, minha ex-sogra foi tratada com muita grosseria por uma funcionária, simplesmente por não atender a uma orientação que lhe foi dada — por não falar inglês, ela não entendeu o que precisava fazer. São erros graves, mas a experiência como um todo foi tão mágica que esses pontos foram esquecidos.

A relativização de pontos negativos é bastante comum e, em parte, pode ser explicada pelo efeito halo. Essa teoria, proposta por Edward Thorndike em 1920, afirma que, quando formamos uma forte primeira impressão sobre uma pessoa, temos a tendência de procurar indícios que confirmem essa impressão e a relativizar os pontos negativos.

Isso é extremamente comum no mundo da política. Quando um político é pego roubando, por exemplo, algumas pessoas relativizam o fato afirmando que "ele rouba, mas faz e por isso é bom" ou que "ele rouba, mas todos roubam" — essas "justificativas" são o resultado de uma forte imagem construída por essas pessoas, que passam a relativizar os erros graves para manter a imagem criada.

Para formar uma imagem com uma força tão grande, é fundamental estar atento aos detalhes e colocar o cliente sempre em primeiro plano. Vou lhe dar alguns exemplos práticos para mostrar que isso não acontece só em uma empresa gigante como a Disney.

Prestei mentoria para o Fabiano, da Solutions Time (hoje Time Concierge) e, posteriormente, me tornei seu cliente. Hoje, além de prestar diversos serviços para minha casa, ele faz meu transporte para as palestras no estado de Santa Catarina. Sempre que possível, recomendo os serviços do Fabiano para meus contratantes. Sabe por quê?

A primeira vez que contratei seus serviços, ele fez todo o possível para tornar a viagem mais agradável, perguntou se eu gostava da música que estava tocando e me consultava novamente sempre que trocava de ritmo ou cantor.

Em determinado momento, pedi que ele parasse em um posto, onde comprei um energético, uma bala e um salgadinho. A viagem foi ótima.

Na volta da viagem, ao entrar no carro, me deparei com a mesma bebida energética, bala e salgadinho que ele havia me visto comprar (sem nenhum custo), as músicas foram as que eu havia dito que mais gostava e o ar já estava na temperatura que eu pedi na ida. O Fabiano, sem saber, foi a Disney dos transportes para mim. Ele me encantou pela atenção e pelos detalhes.

Outro grande exemplo é o Daniel, que acabou se tornando um grande amigo. Ele é o fundador da Requinte Móveis, uma marcenaria, mas é muito diferente dos outros marceneiros que conheci. Primeiro porque não erra nos prazos.

Mesmo quando sua fábrica alagou e ele perdeu tudo, virou noites trabalhando e conseguiu entregar tudo no prazo, apesar de ter que iniciar tudo do zero.

Segundo porque, quando Daniel entrega o móvel, ele faz um vídeo explicando o que fez em cada detalhe do projeto. Que puxadores usou, que tipo de madeira etc. No vídeo, é possível ver todo o amor depositado em cada detalhe de seu trabalho, o orgulho de estar entregando-lhe um produto de alta qualidade, o que nos faz ver o móvel de um jeito diferente.

Contratamos o Daniel para fazer alguns móveis da empresa e ele entregou diferente do que havíamos pedido. Ele me explicou o motivo, mas a alteração não havia sido autorizada. Sabe o que eu fiz? Nada. Eu tinha plena confiança que o Daniel resolveria o problema, e foi o que ele fez. Por que eu tinha essa confiança? O Daniel sempre me colocou no centro dos seus processos.

O último exemplo é a minha esposa, Isabel Prudêncio Orosco. Ela tinha um estúdio físico de pilates chamado Spazio Pilates, onde sozinha atendia mais alunos que estúdios com três ou quatro professores. Além disso, ela tinha fila de espera de alunos, e no verão, quando todos os estúdios sofriam com a sazonalidade (perdem alunos), ela conseguia manter todos, pois eles não queriam perder o horário.

Embora a administração não seja seu forte, ela entendeu cedo que precisava pensar sempre no aluno, e colocou isso em prática ao extremo. Isso não quer dizer que ela atenda a todas as vontades dos alunos, mas que está pronta para atender às reais necessidades, e este é o segredo de seu sucesso.

Como ela fez isso? Primeiro, ela mantinha o estúdio sempre atualizado em termos de equipamentos e decoração. Segundo, e que é a base dela até hoje, ela entendeu que pilates é só uma das formas de resolver a dor do aluno. A dor daqueles que a procuram nada mais é que estar de bem com seu corpo. Então, ela começou a fazer diversos outros cursos relacionados ao pilates para aprimorar sua performance como professora: cursos de neopilates a reiki, além de uma pós-graduação em reabilitação esportiva.

Qual o resultado? Em vez de fazer separadamente uma aula de cada coisa, pensando só no dinheiro, ela pensou no aluno. Assim, quando um aluno chegava na Spazio Pilates, ela fazia uma pequena entrevista para conseguir indicar uma aula específica para aquilo que ele está sentindo e/ou objetivando. É como se ela tivesse uma caixa de ferramentas e escolhesse a mais adequada a cada momento conforme o problema que encontra.

Atualmente, a Spazio se tornou a Equilibre Corpo e Mente, focada em atendimento online para todo o Brasil, ampliando ainda mais o conceito de caixa de ferramentas. Essa mudança foi outra decisão tomada, em que a Isabel colocou o cliente no centro. A mudança veio no momento em que a Covid-19 (coronavírus) surgiu, fazendo todos obrigatoriamente ficarem em casa, e foi um sucesso. Hoje já tem fila de espera de novos alunos.

Na Exact, entendemos alguns pontos nos quais podemos auxiliar os clientes e nos concentrar neles de maneira muito direta. Primeiro, entendemos que o alinhamento entre o que foi vendido e o que foi de fato comprado tem que ser perfeito. Então, hoje temos uma área de abertura de projetos que avalia se o cliente entendeu de fato o que está adquirindo e explica quais serão os próximos passos. Se o que o cliente entendeu e o que temos a oferecer forem coisas distintas, verificamos se o cliente ainda assim quer prosseguir com o projeto.

Caso ele não queira dar andamento após entender exatamente o que comprou, ele pode cancelar e não iniciamos o projeto. É relativamente normal que durante o processo de compra existam alguns desalinhamentos de entendimento em casos pontuais; as coisas acontecem rapidamente, e alguns pontos podem ser mal interpretados ou mal comunicados. Seguir a venda sem atentar para esse detalhe é pensar somente no dinheiro do cliente e não no possível resultado que você pode gerar.

Entendemos também que, para que o cliente tenha sucesso, não podemos simplesmente fazer o que ele quer; temos que mostrar o que acreditamos ser o correto baseado nos clientes que chegaram ao sucesso antes dele. Por exemplo, muitas vezes o cliente da Exact quer que os prospectadores não tenham que seguir um padrão de discurso. É possível fazer isso com o software da Exact e ainda assim tirar muito proveito das funcionalidades, mas precisamos demonstrar ao cliente o que ele deixaria de obter: não teria padrão de atendimento, demoraria mais para treinar novos prospectadores e não teria registro de nada do que foi conversado de forma estruturada, ou seja, todas as conversas realizadas nunca gerariam inteligência para a empresa.

Assim, em vez de simplesmente fazer o que o cliente quer, mostramos que estamos preocupados com o que trará os melhores resultados para ele.

EM SUMA:

ENTENDA O QUE É BOM PARA SEU CLIENTE

e não somente o que é bom para você e para suas métricas, ou como você gostaria que fosse feito por achar mais legal.

ENTENDA SEU CLIENTE

antes de vender para ele. Não receite um remédio para quem você ainda não diagnosticou! Compreenda seu cliente, tanto situacional quanto tecnicamente, e quais são as suas dores.

APROVEITE OS MOMENTOS

que normalmente seriam de "frustração" para surpreender seu cliente, para encantá-lo.

METRIFIQUE O ÍNDICE DE SATISFAÇÃO

do seu cliente. O NPS é uma boa métrica, mas não se limite a isso. Ouça com o máximo de atenção.

APESAR DE SER IMPORTANTE

medir a satisfação, tenha o sucesso do seu cliente como principal fator. Este é o objetivo final. Por vezes, você terá que ir contra as opiniões do cliente para fazê-lo alcançar o sucesso; se for necessário, contrarie as ideias originais, ainda que isso gere uma insatisfação momentânea.

TENHA FOCO E DECIDA O MOMENTO CERTO PARA INICIAR CADA COISA

○ ○ ● ○ ○

TENHA FOCO E DECIDA O MOMENTO CERTO PARA INICIAR CADA COISA

Lembro que, nos primeiros anos, eu era muito cobrado para melhorar a qualidade das apresentações feitas nas reuniões de conselho da Exact. Um dos conselheiros inclusive mandava algumas apresentações de outras empresas das quais ele participava do conselho e investia, para eu ter como base.

Eu sempre respondia perguntando a ele: "Qual é a empresa mais jovem de todas essas que você está comparando o material? Qual é a que está vendendo mais e, consequentemente, crescendo mais?"

Fazia essas perguntas com a intenção de mostrar a ele que todos os nossos recursos eram destinados, no primeiro momento, a melhorar a máquina de aquisição de novos clientes (que era composta de marketing, pré-vendas, vendas e desenvolvimento, no nosso caso), ao contrário das outras empresas que estavam em outros momentos. Não que estivéssemos certos, e elas, erradas, mas naquele momento nosso foco estava muito bem definido — e ele era, basicamente, vender!

Queria mostrar a ele que, naquele momento, não desviaríamos o foco de ninguém para fazer uma bela apresentação, pois estávamos com recursos limitados e focados. No momento certo, isso viria.

Talvez nosso maior acerto tenha sido o foco e o timing na Exact. Cada coisa foi feita na hora certa. Inclusive, nosso maior erro foi quando perdemos o foco (lembra-se da história da minha segunda tatuagem, que contei no Capítulo 2? Lá eu conto do produto que fizemos e tivemos que tirar do mercado, mesmo sendo sucesso de vendas).

Falando de forma mais minuciosa, na Exact iniciamos focados, simplesmente, em vender, sem olhar para replicabilidade ou os custos. Queríamos entender se as pessoas sentiam a dor e se estavam dispostas a pagar pelo remédio que estávamos propondo — a nossa solução. E queríamos botar dinheiro dentro de casa.

1. Às vezes, mentoro empresas em estágios bastante iniciais que vêm falar sobre métricas superavançadas, mas nem sequer conseguem se sustentar ainda; nem sequer entenderam quem é seu público ou se de fato elas têm o remédio para a dor dos seus clientes.

2. **Acho isto muito curioso:** a pessoa quer aprender a andar de bicicleta, mas não tem uma bicicleta! Então, falo que a primeira coisa é vender o suficiente para pagar as contas ou encontrar um investidor para isso — o que é muito difícil, se você não estiver vendendo. É preciso pensar em métricas avançadas aos poucos, à medida que elas fizerem sentido para sua operação.

3. Você não deve buscar uma ferramenta ou uma métrica específica apenas porque viu alguém bem-sucedido falar bem dela. É necessário ver se isso faz sentido para o contexto da sua empresa, para o seu momento.

No início da Exact, quanto menor fosse o universo de prospecção, mais chances teríamos de aprender rápido as nuances desse universo — e de vender rápido também. Cada mercado tem um linguajar, um tipo de dor mais comum, barreiras tecnológicas e objeções muito similares; por isso, é mais fácil aprender e vender quando você está focado — mesmo que seu produto seja maravilhoso para vários mercados, existe o tempo certo para ampliar. Então, escolhemos iniciar nossa prospecção apenas pelo mercado de tecnologia.

O mesmo produto costuma ser visto de forma totalmente diferente de mercado para mercado. Inclusive, dentro do mesmo mercado, existem diferenças grandes de perfil. É por essa razão que, no início, é mais fácil focar um mercado específico e entendê-lo muito bem.

Tudo bem, seu produto pode ser maravilhoso e pode conquistar o mundo todo... mas comece conquistando seu bairro. Até o Facebook começou assim! Ele, inicialmente, era uma ferramenta de comunicação de uma universidade; depois, foi entrando em mais uma, e mais uma, até estar presente em todos os EUA e, então, no mundo.

Na Exact, precisávamos de uma forma rápida para chegar até os clientes potenciais e entender se, de fato, a dor que estávamos dispostos a sanar com nosso serviço/produto existia neles. Então, optamos por partir direto apenas para ligações telefônicas, qualificando o cliente com perguntas por meio das planilhas que havíamos desenvolvido (casa de ferreiro, espeto de ferro) e agendando visitas presenciais. Logo, nossa primeira contratação foram dois estagiários para realizar as pré-vendas.

Entre as diferentes formas de prospecção ativa que existem, ligação telefônica entre empresas ainda é, disparado, a que gera a maior taxa de conexão. Em geral, você não consegue uma taxa de resposta similar usando e-mail, WhatsApp ou LinkedIn, por exemplo. Você pode dizer: "Nossa, como pode ser assim? Eu nem uso telefone no meu dia a dia." E eu respondo: "Sua empresa usa telefone?" Acredito que sim. E mais: se você usa pouco, pode ser uma oportunidade ainda maior, pois é sua via menos congestionada de acesso.

Mesmo ao falarmos de prospecção de pessoas físicas, quando saímos do nosso mundinho e entendemos o Brasil como um todo, podemos perceber que a ligação ainda é uma ferramenta extremamente eficiente mesmo para telefones pessoais, e é a base das maiores operações de cartões, bancos, empresas de telefonia etc.

Então, você pode dizer: "Claro! Essas empresas são da década de 1920." E eu respondo: "Essas empresas têm laboratórios testando as melhores abordagens e buscando maneiras alternativas. Para elas, seria muito melhor se conseguissem resolver tudo sem precisar fazer propaganda e nem ligar para ninguém."

1. Quando falo em "sair do nosso mundinho", eu me lembro de um ex-cliente da **Dois Pra Um Design**, a Menno, de Erechim-RS, onde tive uma das grandes lições neste sentido. Quando fui avaliar as vendas da empresa, percebi que muitas delas ainda eram compostas de retroprojetores e mimeógrafos — talvez você nem saiba do que estou falando, mas joga no Google que você vai entender: tratam-se de tecnologias extremamente defasadas.

Perguntei a eles qual a explicação para isso. Eles me responderam que, no interior do Brasil, muitas pessoas e escolas não têm dinheiro para comprar um computador e uma impressora, por exemplo, ou para fazer as manutenções de uma impressora, ou até mesmo para comprar cartucho. No mimeógrafo, usando apenas uma garrafa de álcool, você faz milhares de cópias — e ainda com aquele cheirinho que só quem já recebeu uma prova rodada no mimeógrafo sabe do que estou falando!

2. Este lugar, onde existe o mimeógrafo, é fora do nosso mundinho. E, por incrível que pareça, tem muitas oportunidades, pois se trata de um oceano azul — lembra que falei para olharmos onde ninguém está olhando?

Lembro-me também de um cliente que era uma das maiores redes de comunicação do Brasil. Um estudo havia mostrado a eles que, na época, a audiência diária de um de seus programas televisivos exibidos de segunda a sexta-feira, no fim de tarde, em apenas um estado, era maior do que a maior audiência registrada por um programa entregue via plataformas digitais no mundo (como o YouTube, por exemplo). Esse mesmo estudo mostrava que grande parte da população brasileira não tinha sequer acesso a uma estrutura de internet que sustentasse este tipo de consumo.

Poucas empresas olham e direcionam o foco para gerar soluções para este universo mal explorado de um público que consome mimeógrafo. Muitos querem viver o futuro e se esquecem de olhar para os problemas do presente. Erro de timing (de tempo certo para colocar cada coisa no mercado), seja na ideia, seja na estratégia comercial, está entre os fatores que mais levam empresas à falência.

Por isso, no início da Exact, não produzíamos nenhum conteúdo, não enviávamos e-mails, nem participávamos de eventos — naquela época, apenas ligávamos incansavelmente. Nosso site havia sido feito por mim e pelo Osvaldo (um colaborador de quem já falei no Capítulo 1) em uma plataforma gratuita, que o Osvaldo tinha acabado de aprender a usar, e esse foi nosso site nos dois primeiros anos. Precisávamos manter o foco na estratégia comercial que havíamos escolhido, e o site deveria ser apenas um complemento para dar apoio à nossa estratégia; então, ele não era o foco.

Como, naquele momento, não estávamos preocupados com escalabilidade nem com custos de aquisição de clientes, e o objetivo era vender o mais rápido possível, optamos por ir até os clientes potenciais fazer a venda presencialmente. Logo, eu mesmo fazia o que chamamos de *field sales*, ou seja, reuniões presenciais nas empresas dos possíveis clientes. Nesta época, eu trabalhava a maior parte do meu tempo como vendedor (este, sim, era o foco). Portanto, todo dinheiro e tempo que tínhamos durante os primeiros meses eram destinados a isso. Todo o resto era feito da forma mais enxuta possível. Por exemplo, em desenvolvimento de software, o Felipe (cofundador) atuava sozinho; depois, ele contava com uma segunda — e então com uma terceira — pessoa, no máximo. Seu objetivo, basicamente, era fazer uma cópia de nossas planilhas de Excel, mas que não travasse. Algo bem simples.

Essa estratégia funcionou muito bem para nosso início, e vendemos muito mais do que o planejado. Então, veio nosso segundo momento: escalar e montar uma máquina replicável de vendas.

A primeira ação foi contratar uma equipe de vendas e me dedicar muito ao seu treinamento e apoio, já que a pré-venda estava sustentada no sistema que criamos (de novo, casa de ferreiro, espeto de ferro!). Além disso, cuidei pessoalmente da documentação das boas práticas de vendas e da confecção de materiais de apoio (apresentação, e-mails de contorno de objeções etc.).

Vale ressaltar que, quando digo que a pré-venda estava sustentada pelo software, quero dizer pelos processos aos quais o software garante padronização. Eis um ponto muito importante: para escalar, é preciso padronizar.

LEMBRO-ME DE UMA EMPRESA

que um dia deixou de ser cliente da Exact porque não queria que seus dois pré-vendedores tivessem processos tão padronizados. Quando parou de usar nosso software, ela conseguiu manter os números que os caras vinham alcançando.

O PROBLEMA É

que, quando um deles se demitiu, ele levou consigo todo o aprendizado, e esse ex-cliente teve muita dificuldade para conseguir que um novo colaborador mantivesse o desempenho do anterior, pois o tempo de treinamento do novo colaborador seria extenso, já que não existiam processos bem definidos, e ele acabava perdendo o engajamento antes de ficar bom no que fazia.

O DESENROLAR DA HISTÓRIA

é ainda pior. Quando esse ex-cliente precisou aumentar a equipe, o desafio por não ter padrão foi enorme; 20% dos caras carregavam 80% dos resultados de prospecção. Obviamente, ele não estava conseguindo fazer com que sua empresa crescesse de maneira sustentável. Então, voltou a ser cliente da Exact (final feliz!).

Para a Exact, foi fundamental entender que, primeiro, os vendedores não tinham que vender da mesma forma que eu vendia (um erro bastante comum quando o fundador para de vender: ele quer criar clones); e, em segundo lugar, que seria natural, no início, eles diminuírem o índice de fechamento de reuniões para vendas como eu fazia — isso porque tinha o peso de eu ser o cara que criou a coisa toda.

Naquele momento, minha busca era por pessoas com o perfil que eu julgava ideal, e não com experiência em vendas de software. Buscava vendedores capazes de contar, com sangue nos olhos, a história de outra pessoa; minha história era tudo que tínhamos naquele momento. Além disso, buscava pessoas competitivas, de uma maneira positiva, com um raciocínio lógico muito aguçado e uma comunicação agressiva. Isso não quer dizer, necessariamente, que este seja o perfil ideal para vendas em todos os contextos ou para todas as empresas; contudo, era o perfil que eu objetivava naquele momento, para o início da Exact. Antes de procurar pessoas para preencher as vagas, é importante que tenha definido qual é o perfil que você busca.

Os dois primeiros vendedores que contratamos não deram certo: um desistiu rápido e o outro logo mostrou um desvio de caráter que eu não estava disposto a aceitar. Ambas as experiências foram muito rápidas e geraram poucos aprendizados. O terceiro, conheci na festa de aniversário da sobrinha da minha primeira esposa. Ele era amigo da minha cunhada e estava trabalhando na festa, pois era animador de festa infantil.

Logo me encantei com a forma agressiva e segura com que ele conversava, depois de terminar de animar a festa. Também me encantei com a didática dele ao contar histórias para as crianças, dando emoção e dinâmica. Ficamos amigos e fui percebendo que ele era muito veloz no raciocínio e meio nerd. Fui entendendo que ele tinha o perfil do qual eu precisava para iniciar a equipe.

Conversando sobre ele com a minha então cunhada, ela foi muito transparente comigo. Falou que, de fato, ele era muito inteligente e carismático, mas que não o conhecia em relação a trabalho; também me alertou ao fato de que ele tinha interrompido projetos que havia iniciado, então ela não sabia como seria seu engajamento.

Resolvi que tentaria motivá-lo, a fim de contornar esse ponto de atenção e transmitir a ele o forte propósito que eu tinha com aquela empresa. Trabalhei muito o ego dele, em paralelo ao treinamento, para mantê-lo sempre como referência para todos. Resolvi apostar no perfil e me dei bem. Ele era muito talentoso nos aspectos que eu precisava naquele momento, e foi muito importante para a história da Exact neste início.

Naquela época, tínhamos muito pouco para mostrar em nossa apresentação, então ela era, basicamente, um *storytelling* meu — minha trajetória até os dois casos de sucesso com a Welle e com a Nanovetores —, combinada com um amontoado de conceitos de autores internacionais que corroboravam o que estávamos apresentando. Nossa venda era baseada muito mais em serviço do que em produto, afinal, no início, vendíamos planilhas. Isso era o que nós tínhamos, e era isso o que apresentávamos.

Vejo empresas com muito mais do que tínhamos naquela época esperando para iniciar as vendas, pois acreditam que a hora certa ainda não chegou. O problema é se essa hora nunca chegar; ou chegar antes para outra empresa concorrente; ou se, ao chegar, o dinheiro estiver acabando, impedindo-as de investir nas vendas.

Precisávamos, então, encorpar nossos processos, iniciar a venda para novas regiões e setores, aumentar o time e criar uma área de marketing. Enfim, precisávamos de uma liderança para nosso time comercial. Fiz diversas entrevistas com caras muito experientes, com passagens de liderança por grandes empresas, porém nenhum tinha o perfil que eu buscava, alguém mais gestor e menos vendedor, com conhecimento técnico e que entendesse de projetos.

O cara que foi meu primeiro vendedor da época me alertou para o fato de que talvez o líder comercial que buscávamos poderia ser um profissional externo, que já tivesse implementado o modelo da Exact em um de nossos clientes, e me indicou o Eduardo Matins como um possível nome. Eduardo já havia sido gerente da minha primeira empresa;

depois, PMO de uma fábrica de iates, tudo de maneira muito bem-sucedida. Ele era um cara que dominava a criação e a gestão de processos e, ainda, estava tendo um excelente resultado na implementação do nosso método nos clientes. Era um cara muito inteligente, um pouco mais duro do que normalmente éramos eu e o Felipe, mas extremamente capaz de se adaptar e evoluir. Fazia todo sentido!

Convidei o Eduardo Martins para iniciar o que viria a ser a área de negócios da Exact e ele topou — foi um golaço! Tudo bem que ele nunca tinha vendido nada, mas não era de um vendedor que eu precisava. No início, ele ficou um pouco inseguro, e eu tive que caminhar muito junto dele, mas depois ele se tornou o melhor diretor de vendas que conheço. Hoje, além de dirigir com maestria a maior área da empresa (a de negócios, que engloba as gerências de marketing, pré-vendas e vendas), demos a ele uma porcentagem da empresa, e ele se tornou sócio da Exact. Gosto de dizer que bons gestores são bons em qualquer área!

> **O PRÉ-VENDEDOR** é aquele que se conecta com o cliente potencial, conversa com ele, extrai informações, verifica se ele se enquadra no perfil almejado e motiva o cliente potencial a conhecer mais e a agendar uma reunião com o vendedor.

A partir daí, o processo ficou mais fácil, pois eu tinha um excelente suporte na parte de negócios (a que mais exigia de mim). Então, foi a vez de aumentarmos nosso universo de prospecção, já que, para cada novo vendedor, contratávamos três pré-vendedores, e eles precisavam de um mercado endereçável maior para prospectar (mais mercados e cidades).

Sempre contratamos antes os pré-vendedores, pois sabemos que, tendo reuniões boas e em volume, é mais fácil desenvolver os bons vendedores. Costumo dizer que a melhor semente não gera nada em uma terra infértil; então, antes de mais nada, precisávamos ter a terra fértil para receber o novo vendedor.

Passamos, então, a fazer reuniões em todo Brasil, agora por videoconferência. Essa fase nos trouxe muito conhecimento. Os pontos negativos foram: o aumento de *no-show*, ou seja, não comparecimento do cliente potencial na videoconferência agendada pelos pré-vendedores; e a leve diminuição na conversão das reuniões em vendas. Os positivos foram: o aumento da quantidade de reuniões diárias por vendedor, já que não precisavam se deslocar; a diminuição do custo da operação (neste momento, começamos a controlar o custo de aquisição por cliente — o CAC); e o controle e a padronização das reuniões, já que elas eram gravadas e aconteciam perto dos gestores.

Para lidar com o no-show, chegamos a algumas soluções. Duas delas utilizamos até hoje, com algumas variações. Eram elas:

A VENDA DA REUNIÃO

O pré-vendas usava o gatilho de escassez ("Este é o último horário que tenho disponível com esse vendedor, que é especialista no seu mercado"). Ele ainda explicava todos os benefícios da reunião (que faríamos mais do que apenas uma reunião de venda; nós explicaríamos conceitos) para o cliente em potencial. Por fim, assim que desligavam o telefone, os pré-vendedores mandavam um e-mail com o currículo do vendedor que o atenderia (ganhando autoridade).

OVERBOOKING

Se tínhamos dois vendedores, agendávamos três reuniões nos horários com maior histórico de não comparecimento. Quando uma era desmarcada, nós a substituíamos pela outra. Raramente nenhuma era desmarcada; porém, se isso acontecesse, ligávamos para os clientes e avisávamos sobre a necessidade de reagendar devido a um imprevisto na agenda do vendedor.

Descobrimos várias coisas legais que podíamos fazer para aumentar a eficiência da reunião online, de acordo com esta nova forma. Seguem algumas delas:

USO DE DOIS MONITORES, um que o cliente vê e outro para deixar aberto o relatório feito pelo pré-vendedor e/ou para fazer pesquisas durante a apresentação.

O USO DE MAIS PERGUNTAS AO LONGO da apresentação e variações bruscas do tom de voz, para manter o cliente potencial atento à reunião.

A abertura da câmera sempre que possível, para ver as reações do cliente em potencial.

O USO DA CANETA DO SOFTWARE de apresentação, para rabiscar nos slides compartilhados. Isso serve tanto para o atendimento parecer mais personalizado quanto para ir despertando no cliente a parte do cérebro que atua na tomada de decisões.

Após essa fase, aos poucos, fomos liberando outros mercados para serem prospectados.

Com um time de vendedores maduros, fechando vendas a partir da prospecção ativa por telefone, resolvemos intensificar nosso investimento em eventos — que não visavam o fortalecimento da marca, e sim das vendas! Calculávamos o retorno sobre o investimento (ROI) que cada evento geraria, e este era o nosso objetivo.

Chegamos a dois formatos de eventos, que até hoje são a base deste tipo de estratégia na Exact.

Vou compartilhar quatro estratégias que usamos para ter sucesso de vendas neste segundo tipo de eventos. Afinal, você precisa criar um ambiente seguro para o cliente pensar em comprar ali mesmo. Mas como fazer isso?

1. **Primeiramente, é preciso buscar formas de obter os contatos de quem irá ao evento.** Com isso, tentamos realizar as primeiras abordagens telefônicas antes mesmo do evento, para que o lead ao menos saiba quem somos;

2. **Costumamos usar um uniforme padronizado e com algo muito chamativo — uma gravata laranja, por exemplo, ou um caso de sucesso de um cliente estampado nas costas, com os números bem grandes.** Dessa forma, a atenção fica toda voltada para os nossos colaboradores, por se diferenciarem das demais pessoas, dando inclusive a impressão de que tem mais gente de nossa empresa lá do que realmente tem;

3. **No evento, priorizamos a "prova social".** Não tenho a ambição de ser o stand mais bonito, e sim o que tem mais logos de clientes, depoimentos e casos de sucesso. Quero que o lead veja seu concorrente ou parceiro lá, estampado como meu cliente. Isso lhe transmite muito mais segurança.

Também deixamos os clientes que não estão na parede incluírem seus *cases* escrevendo-os em papel branco e colando com fita adesiva — é bem simples, mas tem um alto impacto e faz muito sucesso;

4. **Usamos estratégia de *priming*:** criamos um contexto favorável. Por exemplo, se falarmos de futebol e eu lhe pedir para completar a palavra BOL_, você colocará a letra A; mas, se falarmos de comida, colocará a letra O. Isso é contexto.

Então, quando um cliente fecha conosco, paramos tudo, batemos palma e vamos parabenizá-lo (isso cria contexto de fechamento). Quem tem perfil seguidor passa a entender que é possível fechar negócios durante o evento.

Meu sócio Felipe Roman e outros membros de nossa equipe aplaudindo um cliente recém-adquirido no evento RD Summit.

Em resumo, tanto a abertura de novos mercados quanto a inserção dos eventos como nova fonte de clientes potenciais foram bem-sucedidas. Após essa etapa, estávamos com uma máquina de vendas robusta e previsível. Ou seja, sabíamos mais ou menos quanto venderíamos a cada mês. Então, direcionamos nosso foco ao desenvolvimento do produto e ao atendimento.

Contratamos um time grande de desenvolvedores e desenhamos o nosso roadmap — a ordem em que cada elemento em nosso software seria desenvolvido. Para isso, estudamos muito, olhamos para as necessidades do nosso time de pré-vendas e conversamos muito com os clientes, que, normalmente pareciam ter boa parte das respostas. A partir disso, utilizamos a matriz RICE para elencar a ordem de desenvolvimento das funcionalidades; utilizamos esse método até hoje.

Basicamente, reunimos líderes de diferentes equipes para participarem da dinâmica de priorização de desenvolvimento de novas funcionalidades e, por meio da RICE, avaliamos as funcionalidades com base em quatro parâmetros subjetivos, levando em conta a opinião das diferentes equipes. A partir daí, formamos uma lista de prioridades.

OS PARÂMETROS DA MATRIZ RICE SÃO ESTES:

- ○ *Reach* (Alcance): nada mais é do que o alcance da funcionalidade — quantas pessoas esta funcionalidade, de fato, atingirá.

- ○ *Impact* (Impacto): o impacto estimado para o usuário a partir do uso desta nova funcionalidade.

- ○ *Confidence* (Confiança): o grau de confiança nos demais parâmetros — por exemplo, se você fez um protótipo antes e o aplicou com o usuário, sua confiança aumentará.

- ○ *Effort* (Esforço): o esforço para desenvolver esta funcionalidade. Quanto tempo levará? Quantas pessoas serão necessárias?

Esses parâmetros sempre foram definidos levando em consideração os clientes como um todo. Nunca deixamos que um cliente interferisse em nossas prioridades, por maior que ele fosse. Inclusive, já deixamos de vender para uma das maiores empresas de tecnologia do mundo por não toparmos alterar nosso roadmap.

Assim, alcançamos a posição de software mais completo, em termos de tecnologia, da América Latina em nosso mercado. Atualmente, temos ganhado competições contra os maiores softwares de *sales engagement*, o mercado no qual nos enquadramos, do mundo.

Acredito que essas vitórias se devem ao fato de que, ao desenvolver uma nova funcionalidade, olhávamos sempre para a necessidade dos usuários, e não para o que já existia no mercado. Isso fez com que desenvolvêssemos funcionalidades únicas.

Passamos a olhar ainda mais para o atendimento neste momento. Criamos uma área de sucesso com os clientes e uma de implementação. Esta última era responsável pelos fornecedores externos que implementavam o software em nossos clientes; e a de sucesso, por auxiliar o cliente na busca em ser bem-sucedido com o projeto.

Depois disso, passamos a investir em produção de conteúdo, tanto para incrementar os materiais de contorno de objeções em vendas quanto para auxiliar nossos clientes na evolução conceitual a respeito do assunto que abordamos e para atrair novos clientes potenciais.

Posteriormente, as áreas de implementação e de sucesso do cliente passaram a responder à diretoria de relacionamento. A implementação reduziu o tempo necessário para implementar nosso produto, pois o mercado amadureceu e a tecnologia do software evoluiu muito, reduzindo também o custo de implementá-lo.

Por fim, nesta nova diretoria, foram criadas duas novas gerências importantíssimas para a Exact. A primeira foi a da Academia Exact, com o objetivo de atrair e qualificar mão de obra para nossos clientes, tendo em vista que uma pesquisa feita pela área de sucesso do cliente apontou que estas eram as maiores dificuldades deles: contratação e qualificação.

> A **ACADEMIA EXACT** é um curso a distância gratuito para pessoas desempregadas. Ele capacita profissionais para exercerem o papel de pré-vendedor (prospectador) dentro das empresas. Posteriormente, apresentamos os formados aos nossos clientes, resultando em um alto nível de empregabilidade.

Depois disso, foi criada a área de expansão, a fim de aproveitar o alto índice de satisfação de nossa base de clientes e expandir o ticket deles, oferecendo soluções complementares e auxiliando no desenho de projetos de aumento de usuários. Por este motivo, fez sentido a aquisição de outras tecnologias e a parceria de desenvolvimento com outras. A primeira empresa adquirida foi a Resultys, de Goiânia, que complementa o nosso software oferecendo uma base de clientes potenciais para prospectar.

Assim, em nossa história, cada coisa teve seu momento. Por mais tentador que fosse querer resolver tudo, tínhamos que respirar fundo e pensar: "Isso parece muito legal, mas agora meu problema principal é outro e não posso perder foco. Vou anotar para mais tarde usar este aprendizado."

Certa vez, conheci um empreendedor e sua equipe. A equipe fazia de tudo para ele não participar de nenhum evento externo — o que virou até uma piada interna —, pois, quando ele chegava de um evento, queria mudar tudo na empresa e colocar em prática tudo que tinha visto. Fazia isso porque tinha adorado a palestra, que mostrava coisas diferentes e teoricamente perfeitas. (Cuidado com isso: na prática, a teoria nem sempre faz sentido. O caminho que você não percorreu é sempre mais reto e mais verde, até que você o percorra). O principal problema é que esse empreendedor queria mudar, inclusive, o que estava dando certo; no fim, a equipe gastava tanto tempo para convencê-lo de que não precisava mudar, que perdia o foco. Ou acabava mudando tudo o tempo inteiro e, por fim, a empresa não se tornava realmente boa em nada.

Não esqueça, tenha foco! Conquiste seus territórios um de cada vez, tal qual um jogo de *War* — por mais que seu objetivo seja conquistar 24 territórios, você nunca conseguirá fazer isso tudo em uma única rodada, e terá que escolher muito bem quais guerras vai travar a cada rodada para ganhar o jogo.

Na história, a conquista da Normandia foi uma das ações mais importantes para o desfecho da Segunda Guerra Mundial, devido à escolha estratégica. Ali havia uma região não tão vigiada quanto o porto de Calais, por não ser tão perto da Inglaterra, porém muito próxima a Le Havre e Cherburgo, dois portos de água profunda, que possibilitariam a chegada de reforços. O que quero dizer com essa história: nem sempre o lugar certo para focar será onde todos estão olhando (já conversamos sobre isso anteriormente, neste livro). É importante que você analise o momento certo de entrar em cada batalha, trace uma estratégia e se concentre em ganhar uma batalha de cada vez, imprimindo todos seus esforços nela.

EM SUMA:

NÃO SE PREOCUPE
com andar de bicicleta antes de se preocupar em ter uma bicicleta para andar. Existem os momentos certos para cada métrica e para cada tipo de ação. Cuidado para não focar algo só porque está na moda.

No início, foque um mercado, um tipo de venda. E especialize-se neste mercado e neste tipo de venda. Não é porque seu produto pode servir a dez mercados que você deve sair vendendo para os dez. Não se afobe!

MESMO A MELHOR SEMENTE
não gera nada em terra infértil. Antes de sair contratando, prepare o terreno e garanta que a terra esteja fértil para que seu contratado tenha o melhor desempenho. Foque processos e ferramentas. Ao chegar às pessoas, treine-as sem a intenção de formar clones seus.

Torne-se verdadeiramente bom naquilo que decidir focar. Se o foco forem eventos, descubra as melhores práticas para persuadir; se for *inside sales*, descubra as melhores práticas para fazer uma reunião online.

DECIDA A ORDEM
de desenvolvimento do seu produto mediante um processo de priorização que ouça seus clientes como um todo e suas limitações, em convergência com sua estratégia. Não deixe que nenhum cliente mande sozinho no seu plano de desenvolvimento (roadmap).

08

ESTEJA ATENTO AO QUE OS NÚMEROS VÃO LHE DIZER E AO JOGO QUE VOCÊ VAI JOGAR

ESTEJA ATENTO AO QUE OS NÚMEROS VÃO LHE DIZER E AO JOGO QUE VOCÊ VAI JOGAR

Um dos piores momentos que passei na Exact foi quando descobri, do dia para noite, que teríamos apenas dois meses de vida se nos mantivéssemos no caminho em que estávamos, sendo que nosso planejamento sempre me mostrou algo completamente diferente. Ou seja, eu estava bastante tranquilo até então.

Fizemos o planejamento como sempre e, em tese, chegaríamos com tranquilidade ao fim do ano com nosso capital e nossas projeções. Logo, tínhamos um tempo razoável para finalizar nossa segunda rodada de captação financeira com fundos de investimento, que estava em andamento em termos de negociações. De acordo com o planejamento, isso seria possível até mesmo atingindo o ponto de equilíbrio organicamente (gerando lucro), antes de o dinheiro da nova rodada entrar.

No fechamento de um dos meses do ano, vi um certo número na planilha, achei estranho e resolvi fazer uma engenharia reversa para verificar se aquele número de fato fazia sentido. Decidi tirar uma prova real. Para meu desespero, ele não batia. E, na realidade, eu ainda desconhecia a proporção do erro que havia sido cometido. Ficamos eu e o Felipe (cofundador da Exact), além do gerente financeiro da época, até a madrugada refazendo fórmulas e procurando o erro. Chegamos à conclusão de que só tínhamos dois meses de vida, já que havia um erro básico de fórmula na planilha de planejamento. Aí sim o desespero real se instaurou.

Você pode imaginar o quanto fiquei feliz com o gerente financeiro da época (vou lhe adiantar: nem um pouco!). Mas uma coisa que sempre preservei foi o fato de que nada pode ser resolvido de cabeça quente.

Então, me acalmei, chamei o gerente e pedi para ele nos ajudar a resolver a situação que a falha dele havia criado. Todos podemos errar. Agilizamos e conseguimos reduzir os custos, entrar no ponto de equilíbrio e realizar a rodada. Felizmente deu tempo, mas tivemos que acelerar demais as negociações e acabamos perdendo oportunidades de negociações melhores para a rodada.

Tivemos a sorte de que o primeiro fundo de investimentos, a Cventures, era muito parceiro e se colocou à disposição para um *follow-on* (uma nova rodada pelo mesmo fundo). Além disso, como havia um descompasso entre o que entendíamos ser o valor correto da nossa empresa na rodada e o que eles entendiam, e não havia margem para negociação devido ao tempo, eles toparam fazer uma debênture obrigatoriamente conversível, de acordo com metas que definiriam o valor da Exact na rodada (um instrumento no qual as ações ainda não vão para as mãos do investidor em um primeiro momento, mas obrigatoriamente irão em um prazo pré-acordado, quando os valores já estarão definidos, de acordo com o atingimento das metas colocadas).

Isso era importante, pois o valor da empresa define o número de ações que o investidor possuirá após realizar o investimento (por exemplo: um investimento de R$4 milhões, considerando que a empresa vale R$34 milhões, daria ao investidor 11,76% da empresa — o equivalente ao valor da empresa dividido pelo investimento).

Desde então, minha preocupação com a organização financeira e com o entendimento das regras do jogo que eu estava jogando passaram a ter uma importância cada vez maior dentro da Exact.

Gosto de dizer que tudo tem sua hora para começar. (Lembre-se do que conversamos sobre foco!) Na Exact, a organização do financeiro foi a última coisa a ser feita. Isso não quer dizer que não a julgo importante e nem que não tínhamos uma organização mínima desde o início. Mas hoje, depois desse susto, com o trabalho magnífico do atual diretor financeiro — Rodrigo Goes, agora sócio da Exact —, de fato temos um financeiro organizado e capaz de ser estratégico, com muita segurança.

Escolhi iniciar este capítulo narrando essa história porque ela retrata a importância dos números corretos e das boas métricas. Para jogar bem o jogo, é necessário entender as regras e ter em mãos todas as informações relevantes.

Lembro ainda que, em termos financeiros, talvez a lição mais louca que tive ao longo desta caminhada foi aprender a gastar dinheiro. Papo sério: não é fácil compreender o conceito de *burn* e aprender a gastar dinheiro!

Basicamente, a startup alavancada usa o dinheiro para crescer rapidamente, o que demoraria demais para acontecer apenas com capital próprio (de maneira orgânica), pois ela não poderia operar com prejuízo e se manter viva — diferente do que acontece quando são feitos investimentos. É claro, esse prejuízo é momentâneo e calculado, a fim de que, em determinado momento, ele se torne lucro.

Uma das coisas que mais irrita o investidor, com base no que converso por aí, é a startup pegar o dinheiro e não utilizá-lo, deixá-lo parado. O investidor não põe seu dinheiro na empresa para manter um crescimento orgânico; ele precisa de crescimentos exponenciais (normalmente, algo superior a 10% de crescimento na recorrência ao mês, por exemplo) para que esse investimento faça sentido. No mínimo, ele espera ver outros tipos de crescimento definidos como estratégicos no momento (como número de usuários, engajamento dos clientes, alcance tecnológico etc.).

> **BURN** significa queima monetária. É comum startups trabalharem em queima monetária; na maioria dos casos, isso é necessário para atingir crescimentos mais rápidos. Porém nem toda startup precisa ser alavancada — para tanto, ela precisa ter uma boa tese.

Passei por isso na pele no primeiro aporte da Exact — nos primeiros meses, crescíamos a uma velocidade mais rápida do que investíamos o valor que o fundo havia aportado em nossa empresa; assim, gerávamos lucro. Recebemos um puxão de orelha por isso! Parece loucura, afinal, recebemos um puxão de orelha por gerar lucro. É claro que o fato de estarmos crescendo a uma boa velocidade atenuou a bronca, mas ter dinheiro parado era sinal de que podíamos estar crescendo ainda mais se seguíssemos o planejamento. Era preciso pensar em como fazer isso.

Ao colocar seu dinheiro em uma empresa, o investidor está apostando que, quando ela for vendida, o dinheiro investido terá valorizado muito mais do que valorizaria em outras aplicações mais seguras (na bolsa de valores, por exemplo).

A empresa valerá mais, mesmo gerando prejuízo. Isso se explica porque, se o faturamento é crescente, a recorrência de pagamentos é estável — principalmente no mercado SaaS (software como um serviço). Ou seja, ela usa o dinheiro do fundo para montar uma máquina de aquisição e retenção de clientes, que garante um resultado replicável mês a mês, com um crescimento controlado e previsível, além de uma sólida carteira de clientes recorrentes.

Então, com um bom planejamento, a empresa entrará no ponto de equilíbrio assim que desejar (reduzindo os custos e o ritmo de investimentos em inovação, chegando aos custos mínimos), mantendo seu faturamento com a carteira recorrente e um crescimento controlado exponencial a partir de suas máquinas de melhor performance em vendas e retenção (as que geram resultado com mais segurança). Deste modo, ela rapidamente entrará em um cenário positivo crescente, pois a base de faturamento multiplica-se mês a mês exponencialmente, e os custos estabilizam ou crescem em um ritmo muito mais lento.

Na Exact, já atingimos este ponto de equilíbrio duas vezes, nas duas captações que fizemos (uma de R$1 milhão e outra de R$4 milhões). É claro, foram necessários ajustes e reduções de gastos para atingir este resultado. Para conseguir fazer isso, a empresa controla de perto métricas específicas de performance do seu mercado, que garantem que seu planejamento faz sentido e se sustenta, e garantem que ela está saudável. Nós, por exemplo, avaliamos diversas métricas que nos indicam diferentes e importantes compreensões sobre nosso desempenho — algumas mais gerais, algumas mais específicas do nosso mercado; algumas mais básicas, algumas mais avançadas. Alguns conceitos básicos, porém específicos do nosso mercado são:

1. **MRR (faturamento recorrente mensal):** A soma dos valores mensais recorrentes que os clientes pagam para utilizar seu produto. Este é o número mais importante de nosso mercado, pois dá segurança para agir. Talvez esta seja a principal razão por eu ter entrado no universo SaaS, a recorrência. Em outros mercados, você pode ter um mês fantástico e outro péssimo em termos de faturamento; no SaaS, isso é muito difícil de acontecer na recorrência, pois o que você vendeu em um mês vai se somar ao que você tinha e compor o faturamento;

2. *Churn:* Perda de clientes que pagavam de maneira recorrente por mês. Essa métrica é fundamental para o nosso mercado, afinal, não adianta ter um balde furado no qual você inclui novos clientes, mas os perde na mesma proporção ou em proporções que façam o tempo de preenchimento do balde aumentar demasiadamente;

3. **CAC (custo de aquisição de clientes):** Todos os custos envolvidos com a aquisição de novos clientes (marketing, pré-vendas, vendas etc.) dividido pelo número de novos clientes. Este ponto é muito importante para qualquer mercado, pois indicará futuramente se sua máquina de aquisição é sustentável;

4. **LTV (*lifetime value*):** Quanto a empresa ganha, em média, com o cliente ao longo do tempo em que ele permanece como cliente ativo. Esta métrica é importante em nosso mercado, uma vez que, nele, não se trata da venda de um produto que custa Y. Nós vendemos um produto que mensalmente custará Z, e quanto eu vou ganhar com cada cliente dependerá do tempo médio de permanência dele pagando, mês a mês, para consumir o produto;

5. **SQR (*SaaS Quick Ratio*):** Relação entre a incapacidade de reter clientes (*churn*) e a capacidade de incremento de novos clientes. Esta relação é fundamental para entender se a empresa está sustentável. Ela se relaciona diretamente com a analogia do balde: não adianta vender para dez clientes novos e perder oito clientes antigos; isso lhe dará um ritmo de crescimento muito lento de dois novos pagamentos por mês;

6. **LTV × CAC:** Relação importante entre o quanto você vendeu em termos de faturamento (durante a jornada média do cliente com você) e quanto você está gastando para isso. Basicamente, ela indica quanto você consegue gerar para a empresa a cada R$1 investido na máquina de vendas.

Porém, como comentei anteriormente, os indicadores eram muito mais simples e diretos no início. Estávamos muito focados no controle do que entrava versus o que saía e, paralelamente, em adquirirmos maturidade e notoriedade no mercado. Depois, fomos evoluindo com indicadores mais específicos do nosso mercado. A meu ver, essa falta de preocupação inicial com métricas avançadas foi muito positiva, pois nos deu liberdade para testar.

As métricas o fazem ter controle da operação e fazer as escolhas estratégicas mais adequadas para cada momento da empresa. Nem sempre você deve atingir o ponto de equilíbrio para iniciar uma nova captação financeira, por exemplo; há empresas que jogam de maneira mais agressiva em alguns momentos e emendam uma queima financeira em outra propositalmente. Tudo depende do planejamento de crescimento da empresa e das características dos fundos que aportam e que irão aportar nela. Independentemente de serem mais agressivas ou mais comedidas, com certeza todas as boas empresas, com bons fundos de investimento, seguem planejamentos muito bem alinhados e que fazem sentido — do contrário, dificilmente teriam um fundo de respeito investindo neles.

UMA DÚVIDA QUE SEMPRE OUÇO É:
Quando pegar dinheiro de um fundo de investimento? Para ter certeza de que essa decisão faz sentido, você precisa de uma tese e de um planejamento inicial. A resposta está nos números. Um fundo está comprando uma ideia intrinsecamente ligada a um bom empreendedor e a um planejamento coerente para ser executado.

Muitas vezes, principalmente para aportes no início da empresa, esse planejamento é um exercício de "futurologia": você vai testar suas teses ao longo da execução, mas nem todas elas vão se comportar como você planejou. O ideal é utilizar o máximo de comparativos com empresas similares, a fim de justificar suas projeções e chegar mais perto do real.

> Tente ser pé no chão e se comparar com empresas similares e no mesmo grau de maturação que a sua. Não acredite que números gigantescos vão fazê-lo fechar grandes rodadas. Você não está vendendo para sonhadores desinformados, então, não se comporte como um.
>
> **TENHA EM MENTE**
> que essa imprevisibilidade de números e caminhos é a parte mais legal de uma startup: você está pilotando um jet ski, não o Titanic! Então, não só pode arriscar mais nos movimentos, como pode mudar mais facilmente a direção. Essas mudanças não costumam envolver decisões simples, mas são necessárias. O bom investidor entende isso e fica ao lado do empreendedor nesses momentos de aprendizado; já o investidor despreparado vai querer moldar o empreendedor à maneira que ele acredita ser a correta e limitá-lo.

Já vi excelentes ideias afundarem por falha de execução, e ideias medianas prosperarem por uma execução muito boa. A capacidade de colocar os planejamentos em prática é fundamental. Portanto, além de uma estratégia bem desenhada, destaco três coisas que são imprescindíveis para uma boa execução:

1. **Timing:** Estar atento ao tempo certo para dar cada passo e ter velocidade nas tomadas de decisões operacionais e táticas;

2. **Controle:** Saber se você está indo no caminho certo, mas manter a calma em relação ao tempo de maturação de cada estratégia, entender que as métricas devem ser vistas de forma combinada e cuidar para não exagerar no número de métricas;

3. **Capacidade de mudança:** Saber mudar quando preciso e não ter medo da mudança.

CERTA VEZ, EU ESTAVA MENTORANDO
uma startup pela ACE (uma das principais
aceleradoras de empresas do país). A empresa
era muito bacana em termos de ideias, e os
empreendedores eram individualmente bons (a ACE
sempre foi muito interessante de mentorar, devido à
qualidade das empresas selecionadas). Porém duas
coisas nitidamente faziam a empresa não prosperar
tanto quanto podia, apesar de ter alguns resultados
bacanas:

- Os empreendedores não estavam alinhados
  entre si quanto ao melhor caminho de
  execução. Tinham os números nas mãos, um
  bom produto, mas não estavam alinhados
  quanto ao que queriam para o futuro da
  empresa.

Neste caso, número nenhum ajuda.

- Os empreendedores queriam desenvolver um
  software, mas não tinham ninguém da área
  de tecnologia entre os sócios e não estavam
  dispostos a ceder uma fatia atrativa da
  empresa para atrair alguém realmente bom.

Lembro que interrompi a mentoria e pedi para
que se alinhassem antes de conversarmos, pois a
apresentação deles parecia uma apresentação
de colégio em que cada um falava uma parte
ensaiada, mas com o agravante de que as partes
não tinham relação entre si! A execução não estava
boa porque o plano não estava claro.

Desenhe um plano bem definido e deixe-o muito
claro. Todos os envolvidos precisam comprar a ideia.
No fim das contas, o planejamento inicial não será
o sumário do seu livro sobre a execução realizada,
mas isso não tira a importância do planejamento;
ele será seu guia e manterá o alinhamento. As
adequações ao longo do trajeto são importantes,
mas devem estar muito bem alinhadas entre todos.

Existem adequações que não são compreendidas tão facilmente por quem está de fora da operação. Para os adeptos da teoria do caos ou simplesmente para os caras que estão loucos para ver um deslize estratégico de alguma empresa referência, a adequação pode até soar como despreparo, quando, na realidade, traduz justamente o oposto.

Em uma das adequações de rumo que fizemos, fiquei sabendo que a pessoa disse que a Exact estava falindo e chegou ao ponto de ligar para um funcionário e dizer a ele para sair logo de lá, porque ela tinha informações de que a empresa iria falir. Detalhe: no mês em que a pessoa falou isso, estávamos entrando em nosso ponto de equilíbrio e atingindo cerca de R$800 mil de faturamento mensal, com um caixa bastante confortável. Apenas tivemos que nos adequar a uma mudança de cenário.

Há ainda pessoas com a falsa ilusão de que as adequações só são feitas quando os conselheiros mandam, de cima para baixo. Li, nas mídias sociais, comentários do tipo em relação a um processo de adequação que aconteceu em uma importante startup de Santa Catarina. Pessoas sem nenhuma experiência acreditam que os caras dos fundos de investimentos é que mandam na empresa. Ao menos na minha visão, e nas startups de tecnologia que conheço, isso está bem longe da realidade.

O conselho (por meio do qual o fundo, normalmente, tem uma participação mais direta) vai auxiliar na visualização de gargalos e de oportunidades, mas no início da empresa raramente eles vão impor decisões sem que você concorde — eu mesmo nunca presenciei uma situação do tipo. Esses caras sabem que, se você não concordar com algo e não estiver engajado, a chance de sucesso da nova estratégia imposta é baixíssima, e eles vão acabar perdendo dinheiro no fim. Além disso, eles também sabem que a visão deles é externa, o que tem vantagens e desvantagens. Daí a importância de buscar investidores profissionais: eles estão mais acostumados a este tipo de situação.

Na maioria dos casos de startups de tecnologia, o conselho, como o próprio nome diz, estará lá para (surpresa!) dar conselhos! Ou seja, para visualizar coisas que você, muitas vezes, não percebe, por estar imerso na operação, ou para compartilhar soluções que eles estão vendo no mercado e que podem ajudar na resolução de um problema trazido por você na reunião — e isso é valiosíssimo. O conselho neste tipo de empresa tem papel muito diferente do conselho de empresas tradicionais. Eu sempre busco investidores com este tipo de mentalidade!

Na minha opinião, os bons conselhos de administração nas startups não existem para fazer cobranças quando veem um indicador ruim. Você até pode apresentar os indicadores para eles o ajudarem a visualizar algo que tenha passado despercebido e manter tudo alinhado, mas a parte enriquecedora é debater questões, a fim de explorar o conhecimento dos conselheiros e aproveitar o fato de eles não estarem na rotina da operação e não terem preconceitos enraizados, já que o dia a dia tende a nos deixar cegos em alguns sentidos.

Então, o bom fundo de investimentos não manda na empresa? Em geral, não. Ao menos no tipo de empresa que a Exact se propõe a ser — isso não quer dizer que você não deva ouvir o conselho, muito pelo contrário!

Portanto, calma: a empresa ainda será sua se um bom investidor entrar como sócio — então, esteja sempre atento ao tipo de investidor a quem dará poderes. Este investidor preparado chegará para agregar e dar ainda mais embasamento às suas decisões.

Olha que legal, eles não são os caras da gravata que chegam e tomam as decisões como se você fosse um idiota, e eles, os grandes gênios da lâmpada. Até porque, acima de tudo, eles investiram em você, e jamais apostariam dinheiro em alguém que não respeitassem.

EM SUMA:

TENHA UM PLANEJAMENTO
estratégico sempre coerente e revisado.

ANALISE EMPRESAS SIMILARES À SUA,
para avaliar se seu planejamento é coerente. Não
caia na ilusão de achar que você será diferente de
todos os outros e crescerá muito mais. Planejamentos
sonhadores devem ficar nos sonhos. Mas isso não
quer dizer que você não deva sonhar grande.

O PLANEJAMENTO NÃO VAI
ser o sumário do seu livro; é necessário uma boa
execução e adaptar-se quando preciso.

A BOA EXECUÇÃO
deriva de um bom timing, um bom controle e uma
boa capacidade de mudança e de adaptação.

MESMO SE NÃO TIVER INVESTIDORES,
tenha um conselho. Acostume-se a ouvir pessoas que
veem a operação de fora e seja aberto ao que elas
têm para lhe dizer. Não tenha medo de o conselho
mandar em sua empresa; em uma boa empresa,
você não verá uma disputa entre quem manda nela,
pois isso não é saudável — e os bons conselheiros
sabem bem disso.

09

TENHA UMA CULTURA FORTE E SE GUIE POR ELA

TENHA UMA CULTURA FORTE E SE GUIE POR ELA

Acredito fielmente que uma das características mais importantes de um líder é ser capaz de fazer com que seus colaboradores se apaixonem pela empresa e por seu produto ou serviço — esta é a grande venda que ele deve fazer ao longo de toda sua jornada! As pessoas têm que amar trabalhar ali, amar o produto que estão representando e ter a certeza de que ele é a melhor solução possível para a dor que os clientes estão sentindo.

Isso não quer dizer que não devam existir cobranças, metas, normas... muito pelo contrário. Porém, esses fatores têm que estar presentes em um ambiente apaixonante, que torne tudo isso mais leve. As pessoas precisam amar e confiar nas empresas em que trabalham; somente assim vão entregar o seu melhor organicamente.

Muitos confundem essa ideia, acreditando tratar-se de um blá-blá-blá de startups e achando erroneamente que o propósito assumido pelas startups de apaixonar o colaborador se resume a ter puffs, escorregadores e mesas de pingue-pongue. O que poucos são capazes de entender é que, na verdade, isso está ligado à defesa da cultura. Se você tiver uma cultura consistente e bem definida, e se for capaz de atrair pessoas sinérgicas a ela, então provavelmente terá pessoas felizes. No meu ponto de vista, a chave está na cultura. Ao longo do capítulo, tentarei explicar melhor utilizando o caso da Exact.

Na Exact, quando saímos de cerca de 2 pessoas para quase 50, no fim de 2015 (nosso primeiro ano) — isso em pouquíssimos meses —, vimos que corríamos um sério risco de perder nossa cultura (que até então havia se formado de maneira orgânica). Gostávamos da forma como a empresa andava, tinha a nossa cara, porém acreditávamos que muita coisa estava se perdendo. Então, nos demos conta de que precisávamos entender quem éramos exatamente, em termos de cultura, naquele momento, para que depois pudéssemos direcionar a empresa para esse caminho.

Naquele momento, também queríamos redesenhar nossa logomarca. Ela havia sido feita por nós no Wedologos, antes mesmo de a empresa existir de fato; sendo assim, não sabíamos direito o que seríamos, nem o que queríamos transmitir. Além disso, pouco tempo depois de já termos escolhido nossa primeira logomarca, a esposa do Gabriel Bottós (um dos gêmeos da Vésper, que nos ajudaram a fundar a empresa), conversando com ele, apontou que a parte branca do símbolo da marca parecia um espermatozoide.

Primeira logomarca da Exact Sales.

Dizíamos que a semelhança tinha sido proposital, pois éramos a origem da pré-venda: o espermatozoide vencedor e originador deste conceito. Obviamente, era apenas uma brincadeira de pós-conceituação de marca.

Na realidade, acredito que termos feito a marca de forma rápida e barata foi uma ótima decisão. Com essa marca do espermatozoide, tivemos muitas conquistas logo no início da empresa, pois focamos as coisas certas e conseguimos entender exatamente o que seria a Exact, antes de nos desdobrarmos para desenhar uma logomarca. Porém, nesse segundo momento, era hora de buscar algo que transmitisse nosso propósito e fosse mais sinérgico com o posicionamento futuro que almejávamos.

A meu ver, quando não somos especialistas em alguma coisa e queremos que ela saia perfeita, devemos buscar um especialista para nos ajudar. Desta forma, apesar de já termos um ótimo designer dentro de casa naquela época, contratamos uma agência chamada Glóbulo para nos ajudar a desenhar nosso código de cultura e redesenhar nossa logomarca.

Foi um trabalho muito bem executado! Eles fizeram um estudo entrevistando as lideranças da empresa, convivendo um pouco no nosso ambiente; eles se aprofundaram no trabalho como um todo, desenvolvendo o projeto de maneira mais conceitual. Por exemplo, observaram como arquétipo regente da Exact "o Criador" — com base no entendimento de que tínhamos uma máxima bastante nítida: se podíamos imaginar, então podíamos criar. Disseram que éramos inconformados e nos sentíamos sufocados com a forma como as coisas eram feitas no universo das vendas, como se vendedores fossem magos e soubessem o que o cliente precisa sem sequer ter perguntado nada a ele.

Na pesquisa, observaram também que a empresa tinha o espírito de um líder visionário que buscava lutar contra o que estava errado, questionando o ambiente e tendo coragem para provar o valor do que estava falando. Eles nos indicaram que nossa empresa era extremamente racional; o enfoque do que falávamos era sempre científico; rompíamos as tradições com ciência, provando o que falávamos, usando números de casos reais e muita pesquisa, sempre com muita objetividade. Por fim, entenderam que tínhamos um espírito guerreiro, capaz de ir em busca dos objetivos, de lutar por eles com unhas e dentes; que tínhamos coragem para entrar no território inimigo e lutar contra o que estávamos vendo de errado.

Eles ainda disseram que o personagem que personificava a Exact era o Peter, do filme *Moneyball* (*O Homem que Mudou o Jogo*, na versão brasileira). Trata-se de um filme de beisebol em que um treinador contrata um cientista de dados para avaliar os jogadores e auxiliar na tomada de decisões, dizendo quem deveria ser contratado, quem deveria jogar etc. No filme, isso ia contra tudo o que era feito na época, em uma área na qual a tomada de decisão era com base qualitativa (sem usar dados), usando a intuição e a "experiência". A tese dos dados no esporte se provou, e o time foi vencedor — mostrando que os dados eram fundamentais para a tomada das melhores decisões. Hoje, todos usam dados em praticamente todos os esportes.

Para a Glóbulo, assim como Peter fez no beisebol, nós estávamos entrando em um universo em que todos tomavam decisões sem dados ou com dados superficiais, baseados em comportamentos ou informações públicas. A propósito, a maioria das pessoas nem coletava os dados dos clientes ao prospectar, ou seja, nem tinha como tomar decisões apoiadas em dados realmente sólidos. Assim como Peter, estávamos tentando mudar o jogo! Queríamos mudar este universo, no qual muitos diretores acreditavam ser os únicos donos da verdade, por trabalharem com vendas há muito tempo — como no caso do filme, com o beisebol.

Com todo respeito, nós fazemos isso há muito tempo.

Comovente, Billy, mas estamos todos cientes daquilo que enfrentamos.

Há muita experiência e sabedoria nesta sala.

Cenas e frases extraídas do filme *Moneyball* — usado como referência pela agência que contratamos, no qual Peter é a personificação da Exact.

De fora, eles observaram todas essas coisas e nos mostraram — mas elas já estavam lá! Muitas nós já tínhamos visto, porém o olhar externo foi fundamental para organizá-las e deixá-las explícitas. Essa trajetória foi fundamental para apoiar a construção sólida de nossa nova marca e nosso código de cultura.

O primeiro passo foi construir o nosso código de cultura. Eles nos apresentaram uma proposta bem alinhada com o que acreditávamos; juntos, alteramos alguns detalhes e, então, definimos o código de cultura da Exact, que até hoje (com uma ou outra alteração) é o código que a define enquanto empresa. Eram cinco pontos principais:

1. Ser extremamente sincero, com respeito;

2. Ser empático com as pessoas e duro com as metas;

3. Sonhar com ambição, mas executar com responsabilidade;

4. Buscar por conhecimento de forma coletiva;

5. Ter a intuição, porém guiada e comprovada por dados.

Depois, passamos para a marca. A essência dela deveria traduzir tudo isso em conceitos-chave. Para nós, esta era uma das partes mais importantes, então lembro que fomos muito enérgicos em relação ao que queríamos. A palavra-chave que entendemos ser a ideal para nortear tudo estava no próprio nome: exatidão. E a nossa promessa para todos nossos clientes, internos (colaboradores e investidores) e externos (usuários e fornecedores), era a palavra que acreditávamos que todos deveriam buscar: foco. Elas foram definidas para nortear a Exact Sales não só na logo, mas no nosso comportamento.

A partir disso, ficou fácil definir nosso propósito! Foi uma construção mental que nos levou a um caminho sólido, que já estava enraizado desde a fundação da Exact (ele foi tema do Capítulo 1, inclusive).

Retomando o que está lá no início deste livro:

> Já na Exact, meu propósito sempre foi auxiliar outras empresas a crescer, vendendo de maneira respeitosa e sustentável, ou seja, entendendo o possível cliente, vendo se faz sentido vender para ele, e ofertando exatamente o que ele precisa. E não sair oferecendo para ele uma solução pronta, como uma fórmula mágica. Não podemos sair receitando remédios, sem fazer exames para ver o que o paciente tem.

Em resumo, esse parágrafo diz que não queremos saber se é possível que o cliente queira algo; queremos saber se ele realmente o quer! Não queremos saber se é possível que ele tenha uma dor; queremos saber se ele realmente a tem! Não queremos que as pessoas vendam sem transformar o possível em **Exato**, sem saber se estão vendendo a coisa certa para a pessoa certa. Não queremos que elas receitem remédios sem fazer exames. Acreditamos que vendendo assim, de forma mais assertiva, as empresas vão vender e crescer mais. Aliás, acreditamos não: nós sabemos que isso acontecerá, pois temos dados e podemos afirmar com exatidão.

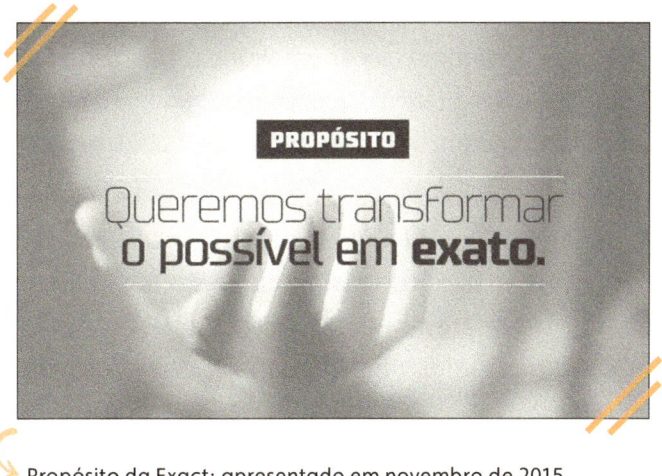

Propósito da Exact: apresentado em novembro de 2015.

Com o propósito definido, partimos para a logomarca, que precisa transmitir os conceitos de exatidão e foco. E eles acertaram em cheio já de primeira! Ficou melhor do que imaginávamos, e desde então a marca da Exact tem quatro flechas que apontam para o centro, demonstrando o foco; tem o ponto no final da escrita, demonstrando a exatidão; e tem a interseção em dois tons de laranja, demonstrando a intersecção entre o humano e o software, entre a intuição e os dados.

Nova logomarca da Exact — novembro de 2015.

Ficamos muito satisfeitos, porém sabíamos que aquele era apenas o escopo do que precisávamos colocar em prática. Agora, de fato, vinha a parte mais complicada: a prática! Fazer com que aquele código de cultura guiasse a empresa como um todo era o próximo desafio que nos norteava.

Estávamos nos mudando para uma sala maior, onde antes ficava a empresa Resultados Digitais (RD); ela, por sua vez, estava se mudando para sua nova casa. Aliás, a RD era uma empresa com uma cultura forte e bem definida que sempre admirei. A Exact e a RD eram parecidas em alguns aspectos, mas muito diferentes em vários outros; porém, certamente, ela era uma de nossas principais referências no que diz respeito a fazer a cultura se refletir no dia a dia de forma bem-sucedida.

Na nova sala, fizemos algumas alterações já pensando em adequar nossas estratégias para a cultura prevalecer. Seguem três exemplos de adequações que fizemos:

1. Construímos uma sala de reunião para feedbacks rápidos. Ela era mais descolada, com puffs no chão e banquetas, para dar um ar de mais leveza, porém era usada para dar feedbacks muito duros e diretos. Esta ação estava relacionada a dois pontos importantes do nosso código de cultura: *Ser extremamente sincero, com respeito. Ser empático com as pessoas e duro com as metas;*

2. Entendemos que precisávamos aproximar as pessoas, fazer com que elas estivessem mais perto umas das outras para se ajudarem, a fim de construírem mais coisas juntas. Então, deixamos o local como um galpão, sem divisões, e construímos uma cozinha coletiva mesclada com uma "sala de jogos" (uma televisão com videogame). Além disso, passamos a promover happy hours, com dias temáticos.

   Fazíamos essas coisas tanto para aproximar mais as pessoas quanto para criar um ambiente mais leve e gostoso, sendo empático e entendendo que o ambiente de trabalho não precisa ser visto como algo pesado, já que as pessoas passariam pelo menos oito horas de seus dias lá. Essas ações estavam relacionadas a dois pontos de nosso código de cultura: *Buscar por conhecimento de forma coletiva. Ser empático com as pessoas e duro com as metas;*

Nova sala da Exact — dias antes da mudança.

3. Criamos o Exact Day, que aconteceria bimestralmente, e colocamos um telão no fundo do galpão. Neste dia, mostrávamos as estratégias da Exact e compartilhávamos os números da empresa com todos. Além disso, compartilhávamos conceitos e aprendizados, inclusive levando pessoas de fora para palestrarem.

Na realidade, até hoje fazemos isso na Exact. Esta ação tinha a intenção de trabalhar outros dois conceitos de nosso código de cultura: *Sonhar com ambição, mas executar com responsabilidade. Ter a intuição, porém guiada e comprovada por dados.*

Além disso, buscávamos despertar o senso de dono, o qual sempre prezamos na Exact e que, posteriormente, foi integrado a nosso código de cultura.

Exact day — telão no fundo do galpão e eu prestando conta para os colaboradores.

Essa cultura forte fez com que a Exact crescesse de forma cada vez mais veloz. As pessoas foram entrando e saindo, mas a Exact mantinha sua cultura de pé. Aos poucos, porém, fomos ficando grandes demais, nos mudamos novamente e algumas pessoas passaram a escoar problemas para os lados (sem dar feedbacks diretos). Algumas entraram na empresa achando que sabiam de tudo (sem dados para comprovar o que estavam falando); outras passaram a ir ao trabalho desmotivadas e por aí vai.

Então voltamos a nos preocupar com essa questão e trabalhamos em algumas outras frentes, a fim de chegarmos novamente aonde deveríamos estar em termos de cultura. A primeira coisa que entendemos é que eu e o Felipe não podíamos ser os únicos porta-vozes oficiais dessa cultura. É claro, havia lideranças e elas eram muito comprometidas conosco, mas precisavam ter o mesmo grau de comprometimento com o todo, como nós tínhamos (neste momento, elas estavam muito fechadas em suas áreas e seus problemas).

Assim, fomos ao nosso conselho e pedimos uma porcentagem da empresa para criarmos um plano de *stock option* — plano de ações para serem doadas a executivos — para cinco pessoas que, a nosso ver, além de serem importantes em suas funções, tinham características para passarem a cultura da Exact adiante.

Não foi uma conversa fácil. Entretanto, conseguimos convencer os representantes dos fundos de que isso daria ainda mais segurança ao dinheiro que haviam investido e que, no final, representaria um ganho, uma vez que a empresa valorizaria mais rápido e de forma mais segura. Conseguimos oferecer o *stock option* para aquelas cinco pessoas — bastante grande, se comparado com o mercado, e com características um pouco diferentes do mercado em geral, tornando-as realmente sócias, e com planos de novos *stocks* futuros na Exact.

Desta forma, o Eduardo Martins (atual diretor de negócios), o Rodrigo Nascimento (atual gerente de pré-vendas), o Diego Max (atual diretor de relacionamento), a Flávia Menegazzo (atual responsável por projetos estratégicos e relação com investidores) e o Rodrigo Góes (atual diretor administrativo/financeiro), hoje, estão no período de *vesting* estabelecido para começarem a receber ações da Exact.

> O período de *VESTING* é uma contrapartida de tempo que eles têm que permanecer na empresa para integralizarem as ações recebidas.

Além disso, revisitamos o código cultural da Exact a fim de atualizá-lo, incluindo questões como respeito à diversidade. Demos ainda mais ênfase a ele durante o *onboarding* de novos colaboradores (o dia de acolhimento do novo colaborador, com explicações sobre a empresa e sobre as atividades que ele exercerá). Ainda, queríamos incluir o código de cultura nas ferramentas de análise de candidatos já nas entrevistas, o que nos permitiria buscar pessoas sinérgicas com a nossa cultura — afinal, não adiantava trazer para Exact alguém que não fosse capaz de reagir a um feedback transparente de forma positiva, por exemplo.

Nesse sentido, também entendemos algumas características que as pessoas com melhor desempenho na Exact tinham e que as faziam amar tanto a empresa. Tais elementos eram fundamentais, pois os colaboradores mais apaixonados pela empresa nitidamente atingem os melhores desempenhos. A nosso ver, a competitividade saudável é algo que essas pessoas tinham em comum — todas eram pessoas essencialmente competitivas. Então, passamos a incentivar ainda mais jogos nos intervalos (como ações de competitividade), por exemplo.

Jogo de futmesa no almoço da Exact.

Ainda naquele período, entendemos que a motivação das pessoas deriva de diferentes fatores. E, ao longo do tempo, temos comprovado na Exact que o principal dentre eles é, sim, a identificação com a cultura da empresa (por mais que algumas pessoas pensem ao contrário, os números nos mostram isso). As pessoas tendem a relacionar a satisfação delas principalmente ao aspecto financeiro. Entretanto, experimente dar um aumento para segurar alguém que não se identifique com a empresa e aguarde para descobrir em quanto tempo essa pessoa vai pedir um novo aumento ou, então, pedir para sair da empresa.

Isso não quer dizer que o lado financeiro não seja importante. Como disse, é uma combinação de fatores. Entendendo essa importância, criamos um plano de carreira para a área de pré-vendas, a fim de prototipar certos conceitos de progressão salarial, que depois se estenderiam ao restante da empresa, e foi um sucesso. Realizamos promoções e adequações salariais em determinadas áreas. Passamos a ter bonificações em áreas da empresa que antes não tinham, sempre atreladas a resultados, como já era feito na área comercial anteriormente.

Nos Exact Days, começamos a exibir a progressão das pessoas na Exact ao longo de nossa história; quase 100% das lideranças foram selecionadas dentro da própria Exact. É um excelente motivador saber que alguém que iniciou como estagiário demonstrou tanta competência que conseguiu atingir um posto de gerência, por exemplo. As pessoas têm que entender que a ambição delas é viável e pode ser atingida caso se esforcem.

A área de RH da Exact historicamente esteve mais voltada para a parte de contratações (devido à alta demanda). As demais ações, em geral, ou partiram de mim e do Roman, ou partiram das outras lideranças da empresa, que, após alinharem as ações conosco, as colocavam em prática elas mesmas — algumas com o apoio do RH para execução; outras 100% executadas pelos líderes das áreas.

Sabemos que isso não é sustentável no longo prazo, portanto, temos mudado a responsabilidade do RH ao longo da nossa jornada, considerando cada vez mais a incumbência de defesa da cultura. Contudo, acredito que o que faz do time da Exact campeão tem muita relação com essa verdade transmitida pelas lideranças em suas ações. O caminho tomado até aqui foi necessário, devido ao tempo que tínhamos para botar as ações em prática e fazer tudo isso acontecer.

Na Exact, temos um time apaixonado pela empresa e pelo produto, e não é por acaso. Trabalhamos muito para isso acontecer; nos preocupamos com os detalhes. Porém o fato de que não tentamos transmitir algo que não somos facilitou tudo. Se você olhar nosso código de cultura e compará-lo com as lideranças da Exact (iniciando por mim e pelo Roman), vai perceber como basta os líderes serem sinceros com sua essência que eles já estarão transmitindo a cultura para seus liderados.

Então, tenha uma cultura forte e verdadeira, e faça dela o guia do crescimento de sua empresa.

EM SUMA:

SE VOCÊ ESTÁ À FRENTE DE QUALQUER tipo de empresa, entenda que uma das suas principais funções é fazer com que seus colaboradores sejam apaixonados por ela e por seu produto/serviço. Se conseguir fazer isso, vai facilitar muitas outras coisas.

INVESTIR NA CULTURA é muito importante. Se tiver uma cultura sólida e bem definida, e for capaz de atrair pessoas sinérgicas, provavelmente terá pessoas felizes. Pessoas felizes rendem muito mais!

O PRIMEIRO PASSO para ter uma boa cultura é olhar para dentro de casa e definir exatamente o que está vendo — se estiver satisfeito, vai tentar mantê-lo; senão, vai tentar buscar identificar os pontos que pretende mudar. Por mais que as respostas já estejam lá, é difícil para quem está dentro visualizar com clareza; então, é legal chamar alguém de fora, ou uma empresa especializada, para fazer isso.

DEFINIR SEU CÓDIGO DE CULTURA

é o passo mais fácil; difícil é fazer dele a base para suas tomadas de decisão, portanto, certifique-se de que ele esteja claro para todos! Contrate e demita sempre se baseando no seu código de cultura, e dê feedbacks usando-o como apoio.

A TENDÊNCIA DAS PESSOAS

é relacionar a satisfação delas prioritariamente ao aspecto financeiro — mas experimente dar um aumento para segurar alguém que não se identifica com a empresa e veja quanto tempo vai demorar para ele sair ou pedir um novo aumento. O fator financeiro, com certeza, é importante para a satisfação, porém o mais importante é a sinergia entre empresa e colaborador. Busque e mantenha pessoas que se sintam felizes por fazer parte da empresa, pessoas sinérgicas com a postura adotada pela empresa.

CUIDE PARA SEU CÓDIGO DE CULTURA

refletir a sua verdade e a de seus líderes. É muito difícil motivar as pessoas com base no conceito de "faça o que eu digo, mas não faça o que eu faço".

10

GUIE SUA EMPRESA PELA COMBINAÇÃO DE PROCESSOS, FERRAMENTAS E PESSOAS

○ ○ ● ○ ○

GUIE SUA EMPRESA PELA COMBINAÇÃO DE PROCESSOS, FERRAMENTAS E PESSOAS

Ferramentas sem processo são como carros sem estradas. Os processos são as vias que o fazem chegar mais longe; porém seguir os processos sem ferramentas é como seguir por uma estrada em uma carroça — vai demorar muito mais, e talvez você seja o último a chegar a seus objetivos.

Acredito que o primeiro passo seja desenhar processos de maneira clara e objetiva. Processos gerenciais nada mais são que conjuntos de ações organizadas de maneira sequencial, gerando um fluxo capaz de atingir os objetivos de maneira replicável.

Bons processos, aplicados de maneira disciplinada, facilitam a replicabilidade — a primeira grande vantagem deles. Ou seja, se eu fizer sempre as mesmas atividades, da mesma maneira, na mesma sequência, a tendência é que no final eu atinja os mesmos resultados. Para exemplificar, vamos imaginar uma receita de bolo: se você usar os mesmos ingredientes, nas mesmas proporções, colocados na mesma sequência, usando a mesma fôrma e forno, na mesma temperatura e no mesmo tempo, existe uma probabilidade gigantesca de você obter sempre o mesmo bolo.

Se ele ficará bom ou não, aí é outra coisa! O processo pode não conduzir ao melhor resultado, porém será mais fácil chegar ao melhor bolo a partir dele. Portanto, esta é a segunda grande vantagem de utilizar processos: conseguir alterar uma das variáveis ou uma das sequências de passos e, rapidamente, comparar os resultados a fim de entender os melhores caminhos — e aí, sim, chegar ao melhor bolo. Será possível fazer o teste A/B. Isso ajuda a atingir o melhor resultado e, ao atingi-lo, será mais fácil replicá-lo quantas vezes quiser.

TESTE A/B

É uma das principais ferramentas de avaliação de melhores práticas que conheço. Por exemplo: se você acredita que é melhor iniciar uma prospecção ativa por e-mail para, depois, passar a usar o telefone, porém seu processo de prospecção atual usa primeiro o telefone, a solução é simples — você seleciona uma pequena porcentagem dos novos clientes potenciais e manda um e-mail antes de ligar. Depois, você compara os resultados em relação ao volume de agendamentos de reuniões de venda e tempo para chegar ao agendamento utilizando os dois métodos de prospecção. Caso a nova alternativa tenha melhores resultados nas métricas avaliadas, você implementa o envio de e-mail antes de ligar, desenhando um novo processo. Caso contrário, mantém o processo atual.

Além disso, seu resultado pode ser ruim mesmo que você tenha desenhado o melhor processo do mundo. Talvez você não tenha o forno ou a fôrma ideal; talvez suas ferramentas não sejam adequadas e nunca permitam que consiga fazer um bom bolo. Com boas ferramentas, um processo mediano pode obter resultados muito melhores do que um ótimo processo usando ferramentas ruins. Vamos voltar à analogia da estrada: andar de carroça fará com que você chegue devagar, mesmo em uma boa uma estrada pavimentada; agora, ainda que esteja em uma estrada de barro, se for atravessá-la com um carro 4X4, provavelmente chegará mais rápido e em segurança.

Ferramentas são importantes para dar velocidade e qualidade aos processos. As boas ferramentas são aquelas que proporcionam padrão, que conduzem o usuário a comportamentos predefinidos e o fazem seguir os processos preestabelecidos. Além disso, as boas ferramentas fazem com que ganhe tempo e realize as atividades de maneira mais veloz do que faria sem elas.

Na Exact, sempre acreditamos nessa definição de processos e ferramentas. Foi justamente nas áreas em que demoramos mais para entender isso que tivemos mais problemas durante nossa trajetória. Na área de sucesso do cliente, por exemplo, tínhamos bons processos, porém não tínhamos ferramentas. Nos últimos tempos, estamos investindo nelas, e, com isso, os resultados estão melhorando mês após mês.

Já na área comercial sempre fizemos a velha máxima de "casa de ferreiro, espeto de ferro" funcionar, principalmente na área de prospecção/pré-vendas. Os processos sempre foram muito bem desenhados e sustentados por nosso próprio software, e, durante toda nossa trajetória, essa área foi o coração da Exact. A pré-venda sempre foi a área na qual mais investimos por aqui, em todos os aspectos; na qual mais nos dedicamos a desenhar processos; a maior área, com a maior bonificação; a primeira a ter plano de carreira; a primeira a ter um gerente; a primeira a ter coordenadores e assim por diante.

Processos e ferramentas são fundamentais. Entretanto, a melhor estrada trilhada no melhor carro só será bem aproveitada se tiver um motorista treinado para pilotar aquele tipo de veículo. Ter um piloto capaz de dirigir é bom, mas ter um capaz de pilotar com rapidez é excelente.

O que quero dizer com isso é que precisamos treinar e motivar os cola-boradores, a fim de que eles sejam excelentes pilotos para os carros e as estradas que tivermos à nossa disposição.

Podemos treinar as pessoas para serem boas, para dirigirem bem. Porém somente algumas terão a força e o talento para serem as pri-meiras a partir de então. Haverá poucos "Sennas" e "Schumachers". Neste caso, é necessário trabalhar o conceito de *marca empregadora*, para atrair os melhores talentos, além de trabalhar o conceito de *segmentação de candidatos*, para encontrar os perfis certos e com maior probabilidade de sucesso futuro — os que podem vir a ser aqueles pro-fissionais "fora da curva".

É importante falar que mesmo o Senna, em um carro ruim, perderia para a maioria dos outros pilotos. Ou seja, processos, ferramentas e pes-soas são uma tríade; devem andar de forma combinada e não indepen-dente. A meu ver, o melhor profissional, em uma empresa bagunçada, não poderá chegar ao nível de profissionais inferiores que estejam em empresas com bons processos e boas ferramentas. Novamente, a me-lhor semente não gera nada em uma terra infértil.

Na Exact, temos um vendedor chamado Munife. Quando chegou, tinha muito potencial; ele é carismático e tem uma velocidade de racio-cínio muito boa, porém achava que somente isso seria suficiente para atingir os resultados. A parte técnica dele era praticamente nula; ele não sabia nada sobre técnicas de vendas ou sobre nosso mercado e produto. Dei-lhe um mês para se dedicar aos treinamentos e me fazer uma boa apresentação. Contudo, um mês depois, ele me fez uma apresentação tecnicamente ruim, mas demonstrava, com clareza, que era capaz de se adaptar rápido, de ser empático, e outras ótimas características para um vendedor.

Dei-lhe, então, uma semana para evoluir na parte técnica; caso con-trário, infelizmente, teríamos que abrir mão dele — fui bem claro com ele em relação a isso. Uma semana depois, Munife voltou com uma das melhores apresentações que já vi um vendedor em treinamento fazer. Em pouco tempo, ele se tornou *top performance* e um dos mais importantes colaboradores da Exact — ele se tornou um Senna! Como isso aconteceu? Munife era um profissional com características boas, que foi bem treinado, motivado e, depois, passou a dirigir um ótimo carro em uma ótima estrada. Hoje, ele sabe utilizar os recursos que tem à sua disposição aqui na Exact da melhor maneira possível — sabe aproveitar o fato de ter uma pré-venda gerando ótimas reuniões, por exemplo.

LEMBRO-ME,
ainda, de um cliente da Exact que estava crescendo bastante e tendo sucesso com o uso de nosso produto. Ele tinha dois pré-vendedores que, aos poucos, foram querendo fazer as coisas do jeito deles, fugindo do processo em vez de evoluir com ele. A ferramenta da Exact indica para quem ligar, que horas ligar e quais perguntas devem ser feitas, adaptando-se às respostas dadas pelos clientes potenciais que estão sendo prospectados. Por fim, ela indica se o pré-vendedor deve ou não agendar uma reunião de vendas e com qual vendedor ela deve ser agendada, a fim de ter mais chance de se converter em venda;

NESTE CLIENTE,
depois de um tempo, os pré-vendedores passaram a querer definir tais coisas sozinhos, então começaram a boicotar o uso da ferramenta. Já o gerente, em vez de mostrar a importância de os pré-vendedores evoluírem a partir do processo, preferiu parar de usar a ferramenta e utilizar outra, que apenas auxiliava nas ligações e monitorava as métricas; fez isso a pedido dos pré-vendedores;

MAS QUAL SERIA A IMPORTÂNCIA

dos pré-vendedores em um processo tão bem definido? Atuar naquela parte que não pode ser feita melhor por um robô – na qual a atuação de um ser humano, e não de uma máquina, faz toda diferença. Primeiramente, a capacidade de se conectar emocionalmente ao possível cliente. Em segundo lugar, a capacidade de se adaptar a ele: a seu arquétipo, tom de voz, ritmo de fala, às situações não planejadas, entre outros;

ALÉM DISSO,

o pré-vendedor recebe caminhos para seguir durante a ligação, por exemplo (ou *templates* de e-mail para mandar em cada momento), porém isso não deve ser encarado como um teleprompter no qual ele lerá as perguntas ao telefone. Isso deve ser encarado, sim, como bases que ele deve percorrer da forma mais personalizada possível, tal qual em um jogo de beisebol. Ou seja, ele precisa utilizar a questão que o software está indicando, mas de que forma vai extrair a informação do cliente é outra coisa!

O que aconteceu foi que os dois pré-vendedores deste cliente conseguiram manter a produção mesmo sem o software, porém, aos poucos, quiseram ir para outras áreas e/ou sair da empresa. O problema é que eles levaram todos os aprendizados com eles, e não havia mais processos e padrões para acelerar o aprendizado dos profissionais que os substituíram. O ex-cliente, um dia, me procurou dizendo que não conseguia fazer os novos pré-vendedores atingirem o nível dos anteriores;

Gosto de perguntar para os empreendedores com quem converso: "Com quantas empresas seu time de prospecção conversou nos últimos seis meses? Quinhentas? Mil? Cinco mil? Independentemente do número, isso deve ter resultado em muito conhecimento do mercado. Afinal, se você conversou com os possíveis clientes, sabe dizer quantos por cento deles usa cada solução concorrente, não sabe? Quantos por cento estão satisfeitos com o atual fornecedor? Quantos por cento têm a dor à qual seu produto é capaz de atender? Quantos têm projetos em aberto na área que você quer vender? E por aí vai...

A maioria dos empreendedores não sabe responder a essas perguntas de maneira exata. Para mim, isso é um absurdo — é rasgar dinheiro. Como é possível conversar com esse monte de gente e não aprender nada? Se houver padrão, processo, ferramenta adequada e pessoas capacitadas, você vai saber responder a todas essas perguntas em poucos cliques! É preciso transformar suas conversas em dados estruturados, e isso só é possível com a combinação adequada entre processos, ferramentas e pessoas.

Portanto, acredito muito na força deste tripé! Desenhe processos robustos, escolha ferramentas que os sustentem e padronizem suas operações, preferencialmente gerando dados. Por fim, selecione e treine pessoas para serem campeãs.

EM SUMA:

ANTES DE MAIS NADA,
desenhe os processos — passo a passo e um fluxo de ações predefinido.

ENTENDA QUAIS FERRAMENTAS
são as mais aderentes com os processos que você desenhou e a situação de sua empresa, de acordo com as suas restrições.

ESCOLHA FERRAMENTAS
que o auxiliem a padronizar os comportamentos e façam os processos rodarem de maneira replicável.

QUANDO TIVER DÚVIDAS
sobre se o processo está adequado, trabalhe com teste A/B. Selecione uma pequena fatia de casos e prototipe uma única alteração por vez no processo. Depois, compare os resultados.

TENHA UM BOM PROCESSO
de seleção e treinamento de pessoas. Os processos e as ferramentas sempre dependem de bons pilotos. Ofereça as melhores condições de estrada e o melhor carro, mas não se esqueça de selecionar e treinar os melhores pilotos.

FAÇA COM QUE SEU TIME
se apaixone pela empresa e pelo produto. Seu piloto precisa estar motivado.

11

CRIE UMA VERDADEIRA LINHA DE PRODUÇÃO DE VENDAS

CRIE UMA VERDADEIRA LINHA DE PRODUÇÃO DE VENDAS

O termo *máquina de vendas* faz referência a um conjunto de engrenagens que, juntas, levam a empresa a resultados previsíveis e crescentes no âmbito de vendas. Porém não é tão simples quanto parece: existem diversas variáveis que se enquadram de maneira diferente em cada tipo de situação, a fim de compor o melhor mix de métodos e ferramentas em uma máquina de vendas. Cada tipo de empresa, de mercado, de produto e de posicionamento pede diferentes tipos de soluções — e é disso que trataremos neste capítulo.

Quando fundei a Exact, mergulhei como nunca no universo de vendas e tive ainda mais certeza de que esse universo é muito mais uma linha de produção do que uma máquina; na realidade, são diferentes máquinas que têm que se comunicar entre si. Isso gera eficiência e replicabilidade, tal qual uma boa linha de produção.

A questão é que a maioria das empresas no Brasil — ao menos por volta de 2014, quando comecei a pensar na Exact como uma empresa de consultoria de linha de produção de vendas — pensava no vendedor como um super-herói. Elas o viam como o cara que ia prospectar, vender e, ainda, atender o cliente. Uma espécie de máquina faz-tudo.

O fato é que isso é tão ineficiente quanto tentar produzir um produto complexo utilizando uma única máquina. Primeiro que dificilmente o vendedor será bom em tudo; as habilidades necessárias para cada prática são bastante distintas. Segundo, ele se tornará muito menos eficiente do que poderia ser, devido à incapacidade de fazer tudo o que precisa ser feito paralelamente. Ou seja, se ele estiver prospectando, não estará vendendo nem cuidando dos clientes; se estiver vendendo, não estará cuidando dos clientes nem prospectando e assim por diante. Ele vai acabar criando a própria sazonalidade em vendas — por vezes, o motivo da baixa de vendas não é o mercado, mas a falta de oportunidades que não foram geradas porque o vendedor estava ou vendendo, ou cuidando dos clientes. Isso pode, inclusive, levá-lo a perder as janelas de oportunidade dos mercados.

Então, além de chamar a máquina de vendas de linha de produção de vendas, aprendi que era possível entender quais os tipos de máquinas necessários para que a linha de produção estivesse completa. Em 2015, criei os "5 çãos de vendas".

Os 5 "çãos" de vendas.

Deste modo, era possível visualizar cinco grandes grupos de métodos e ferramentas que devem ter especialidades e se comunicar entre si, a fim de que a linha de produção de vendas seja o mais eficiente possível. Estas etapas, em geral, se comportam como um funil — elas vão sendo selecionadas, e os clientes potenciais ficam ou saem, até o fechamento das vendas.

O PRIMEIRO GRANDE GRUPO É O DA ATRAÇÃO

Como atrair uma base de clientes, um conjunto de CNPJs ou CPFs com os quais você possa entrar em contato para iniciar uma prospecção. Esta talvez seja uma das partes mais importantes do todo, pois trata de buscar o insumo para sua linha de produção de vendas, a água para seu moinho. Neste grupo, existem duas grandes divisões possíveis: origem ativa X origem passiva; e estratégia de inbound marketing X estratégia de outbound marketing.

Origem ativa: é quando você vai buscar um cliente potencial sem que ele tenha entrado em contato previamente. Você liga para ele ou manda um e-mail, a partir de um processo de descoberta e da busca dos contatos dele. Comumente, as empresas compram bancos de contatos coletados automaticamente para ter este tipo de insumo — a famosa compra de leads. Esses bancos trazem nome, telefone, e-mail, faturamento, dentre outras informações de empresas (CNPJs).

Na Exact, em 2019, avaliamos que os clientes que estavam usando este tipo de estratégia de compra de banco de dados tinham um resultado superior aos demais. Porém havia uma reclamação de que muitos dados vinham errados (cerca de 40% vinham com o telefone ou e-mail incorretos; na maior parte das vezes eram dados dos contadores das empresas).

Mesmo assim, os outros 60% que estavam corretos aceleravam muito o processo de prospecção. Além disso, mesmo a porcentagem contendo informações erradas era útil, pois vinha acompanhada do nome de empresas segmentadas pelas características selecionadas — você pode informar o CNAE (setor de atuação), o faturamento e o número de funcionários que quer que as empresas tenham, e esse tipo de tecnologia de mineração de contatos públicos lhe mostra as empresas com tais características, trazendo os dados desejados, como e-mail e telefone.

Ao nos deparar com o impacto deste tipo de tecnologia em nossos clientes, e com a dor de nossos clientes ao receber dados errados, começamos a pensar que 1+1 poderia dar 11 em vez de 2. Ou seja, começamos a pensar que, se comprássemos uma empresa que fornecia esse tipo de dado, poderíamos rapidamente limpar essa base. Com nossos mais de 10 mil usuários (no início de 2020), poderíamos pedir aos pré-vendedores de nossa base de clientes para avisarem quando os dados estivessem errados, o que nos possibilitaria buscar outros dados para substituí-los. Assim, em pouco tempo, teríamos a lista mais confiável do mercado.

Ainda conseguiríamos agregar outras vantagens para nossos clientes, como o *look alike*: ou seja, à medida que as vendas fossem realizadas por um cliente específico por meio do software da Exact, poderíamos entender as características de quem comprou dele (CNAE, faturamento, número de funcionários etc.) e então sugerir-lhe, ativamente, outras empresas com características similares.

Sendo assim, em 2020, compramos a Resultys, em uma negociação que envolveu a própria receita gerada com a venda do produto para pagar a aquisição da empresa. Integramos o produto ao nosso software como uma funcionalidade adicional — chamada Exact Searching: ela fornece um limite de contatos que, mediante pagamento, pode ser aumentado.

Com o tempo, essa área de compra e aprofundamento de contatos para prospecção ganhou tanta importância nesta originação ativa que estamos falando que as empresas passaram a destinar profissionais para cuidar especificamente dela, já que, além de comprá-los, é possível minerar esses contatos no Google, por exemplo, e até enriquecê-los, utilizando o LinkedIn ou outras fontes.

As empresas passaram a chamar este profissional de LDR (Lead Development Representative). Um amigo que admiro muito, Thiago Reis (um dos melhores consultores de vendas no Brasil), inclusive encontrou empresas que terceirizam esse serviço fora do Brasil por um valor muito acessível.

Na Exact, fizemos uma pesquisa com as empresas de software com os melhores casos de sucesso em prospecção dentro da nossa base, e mais de 70% tinha a figura do profissional de LDR em destaque dentro da equipe.

Para facilitar o enriquecimento de informações do lead, desenvolvemos uma funcionalidade chamada "buscador de contatos". Você insere o nome da empresa e o cargo desejado, e ela fornece o nome da pessoa, seu LinkedIn e o e-mail corporativo já conferido. Isso acelera muito a etapa de enriquecimento de dados, antes de seguir para a prospecção de origem ativa.

Origem passiva: é quando o cliente pede pra você entrar em contato com ele. Este tipo de origem é muito confundido com o termo inbound marketing, mas, na realidade, são coisas diferentes. O outdoor que tem um número de telefone, por exemplo, é uma estratégia de outbound marketing; quando o cliente liga querendo informações, a origem é passiva.

Normalmente, estratégias como outdoors ou propagandas televisivas não vinham com *call to actions*. Elas trabalhavam exclusivamente a imagem da marca e/ou buscavam atrair os consumidores até os locais físicos para, posteriormente, realizar a venda.

> **CALL TO ACTIONS** propõe que o público entre em contato, incentivando a origem passiva. Ou seja, as ações de marketing contêm número de telefone ou e-mail para entrar em contato.

O problema é que esse tipo de ação não gera rastreabilidade. É difícil calcular o retorno sobre o investimento (ROI) de uma campanha televisiva, por exemplo. Por essa razão, o marketing digital ganhou força no grupo das origens passivas nos últimos anos, funcionando como uma estratégia isolada, ou mesmo um complemento às estratégias chamadas "tradicionais", ele traz as pessoas impactadas para o meio digital, no qual é mais fácil rastrear os dados. Isso permite usar a força de impacto das estratégias tradicionais (realmente incomparáveis) somada à qualidade de rastreabilidade das digitais.

Resultados de concursos televisivos anunciados em plataformas digitais; séries que têm apenas um episódio transmitido na TV, e o restante está disponível em streaming por assinatura; comerciais que direcionam para um blog ou uma *landing page* (página de coleta de dados) linkada com um conteúdo de alto valor; parceria com influenciadores digitais são alguns exemplos de como muitas empresas têm utilizado essa combinação com extremo sucesso.

Outbound marketing: também conhecido como marketing de interrupção — aquele em que você interrompe outras experiências do cliente potencial quando ele não estava preparado para ser abordado. Por exemplo, quando digita uma palavra no Google, a pessoa espera encontrar as páginas mais bem posicionadas pelo sistema de ranqueamento da ferramenta; entretanto, se você pagar por isso (contratando links patrocinados), poderá interromper essa experiência e aparecer antes das empresas que deveriam ser as primeiras, ranqueadas de modo orgânico.

O outbound marketing é a base de crescimento das maiores empresas B2B (que vendem para outras empresas) no mundo. Normalmente, suas vantagens são um retorno sobre o investimento (ROI) mais veloz e um maior controle do volume de entrada de clientes potenciais (em relação à quantidade e às características do cliente potencial que você buscará). Ele é muito usado para introduzir novos produtos e/ou para entrar em novos mercados.

Inbound marketing: é o oposto do outbound. Ele propõe uma experiência menos interruptiva, mais orgânica quanto ao fluxo dos acontecimentos. Costuma estar relacionado à disponibilização de conteúdo digital. Basicamente, o cliente potencial está buscando saber mais sobre um assunto e vai se deparar, de modo orgânico, com o conteúdo que você produziu. A partir desse conteúdo, você vai planejar um fluxo de nutrição e educação, com novos conteúdos por e-mail, até ele solicitar um contato comercial por um *call to action* (um botão pelo qual ele possa pedir um contato).

O que se faz, normalmente, é trocar este conteúdo por alguns dados do cliente potencial em uma *landing page* (neste caso, com uma espécie de formulário), que permite o rastreio deste cliente potencial e o melhor entendimento do retorno sobre o investimento (ROI) realizado na produção de conteúdo e na disponibilização dele pelas plataformas de inbound marketing.

Este é um tipo de estratégia muito interessante, pois trabalha o posicionamento da marca em paralelo à prospecção. Normalmente, seu primeiro passo, após definir o ICP (cliente ideal de compra), é a definição das *keywords* (palavras-chave) que serão trabalhadas. Este é um passo fundamental, pois norteará toda sua produção de conteúdos. Ele constitui-se da seleção de palavras que seu cliente potencial utiliza para buscar conteúdos relacionados ao tipo de solução que você oferece. Existem algumas ferramentas que podem auxiliá-lo nesse sentido.

O ponto de atenção é o tempo que você levará e o esforço necessário para conseguir se posicionar organicamente entre as primeiras aparições do Google (de acordo com o algoritmo de ranqueamento deles, o PageRank). Esse tempo é maior em estradas mais congestionadas, ou seja, que envolvem palavras bastante utilizadas por empresas que já trabalhavam com tal conteúdo antes de você. Normalmente, levará de oito meses a um ano e meio para conseguir um bom posicionamento, se tiver uma geração constante de conteúdo e seguir todas as diretrizes de boas práticas.

Essa demora se deve ao fato de que o Google vai precisar determinar a relevância da sua página quando o cliente potencial estiver buscando as palavras-chave. Isso é feito com base nos conteúdos publicados na sua página que estejam relacionados à palavra usada, nas citações linkadas que a página recebe, entre outros fatores. Portanto, o tempo de retorno sobre o investimento (ROI) deve sempre ser um ponto de atenção para quem opta por este tipo de estratégia, pois tende a ser bem mais alongado. É preciso estar ciente e trabalhar duro e com paciência.

Logo nas primeiras versões do software da Exact, um dos nossos movimentos foi integrá-lo a ferramentas de inbound marketing; mais especificamente, à ferramenta RD Station, da empresa Resultados Digitais, que era a mais usada no Brasil. Isso foi muito importante, porque permitiu transitar entre as duas ferramentas — algo fundamental em linhas de produção, em que você busca ferramentas especialistas que dialoguem.

Além disso, esse movimento foi estratégico para a Exact, pois muitos clientes das ferramentas de inbound marketing estavam gerando '"levantadas de mão" (pessoas pedindo contato), mas, em seguida, fazendo besteira, como querer vender antes mesmo de conhecer o cliente potencial, por exemplo, o que resulta em baixos índices de conversão.

O SEGUNDO GRANDE GRUPO É O DA SEGMENTAÇÃO

É nele que a Exact está localizada em sua origem. Esta etapa é fundamental para o bom andamento do funil como um todo, pois, além de ser a responsável por poupar o tempo do cliente potencial e dos vendedores (já que rapidamente entenderão se vale a pena iniciar uma relação mais longa, de vendas), é também a responsável por focar o time de vendas nas oportunidades reais. Isso eleva a conversão de reuniões em vendas, e, ainda, prepara o vendedor para realizar uma reunião muito mais personalizada, favorecendo a conversão.

A segmentação/qualificação é como o momento em que você responde a perguntas e passa por exames antes de receber a receita de um remédio quando vai ao médico. Assim, os pré-vendedores são os responsáveis pelo diagnóstico, pela segmentação de quem tem perfil de sucesso e pelo agendamento de uma reunião de vendas, estabelecendo o link com o vendedor mais preparado para realizar aquele atendimento em específico.

Contudo, é preciso atenção: afinal, se a venda for simples, tiver poucos pontos de contato, pode ser que a segmentação tenha que ser feita de forma superficial durante o marketing ou mesmo na hora das vendas. A intenção é não elevar o custo de aquisição de clientes (CAC) em vez de diminuí-lo, como acontece em uma venda de média e alta complexidade.

Em uma negociação de vendas, podem existir diversos *touch points* (pontos de contato) entre vendedor e cliente potencial até que a reunião vire uma venda. Quanto mais pontos de contato forem necessários, mais complexa é considerada a venda. Estes pontos de contato podem ser tanto para tratamento de objeções e aprofundamento técnico e teórico necessários quanto para etapas obrigatórias para alguns tipos de venda.

Por exemplo, no caso da empresa Welle Laser (líder nacional de máquinas para gravação a laser), antes de vender a máquina, era necessário realizar um teste de interação do laser com o material que receberia a gravação, para garantir a qualidade da marcação. Na Nanovetores (líder nacional em nanotecnologia), era preciso enviar amostras do nanoativo que estava sendo comercializado, a fim de mostrar o resultado dele na prática. No setor de ERP (software de gestão de empresas, como é o caso das empresas SAP, Senior, Sankhya, Softplan e Mega sistemas, clientes da Exact), é necessário um orçamento exclusivo para cada cliente (que vai depender dos módulos que serão implementados, entre outras variáveis). Além disso, em muitos casos, a venda exige interações presenciais, seja por questões técnicas ou mesmo por característica do mercado, o que também aumenta o custo e a complexidade do processo.

Todas essas etapas tornam a venda um processo caro para a empresa e extremamente desgastante para o vendedor, que atende simultaneamente uma série de clientes com necessidades diferentes. A propósito, um dos maiores erros em vendas complexas é sobrecarregar o vendedor com reuniões e/ou ele não desistir de nenhum possível cliente (mesmo o cliente indicando que não vai fechar no curto prazo). Essas ações farão com que ele fique com o pipeline inflado — ou seja, com um número muito grande de clientes potenciais com os quais necessitará trabalhar em paralelo. Este é um problema sério. Normalmente, faz com que o vendedor perca o foco e não dê a atenção necessária aos clientes potenciais com maior probabilidade de fechamento, para que optem por comprar com ele.

A síndrome do "sou brasileiro e não desisto nunca" no mundo das vendas é um problema. Por mais que um ou outro cliente potencial no qual insistiu feche com você, normalmente, você terá perdido, devido à falta de foco, pelo menos o dobro de negociações mais simples que poderia ter fechado nesse ínterim.

Além disso, muitas empresas estão mais preocupadas em educar os clientes potenciais do que em vender para eles. Esta pode ser uma estratégia interessante, mas deve estar muito bem alinhada com o planejamento estratégico e financeiro. O ponto é que, normalmente, cerca de 20% do mercado está pronto para comprar de você — enquanto isso, você está ocupado tentando educar os outros 80% em vez de descobrir quem são esses 20%. Por isso é tão importante imprimir força na prospecção e segmentação/qualificação.

Para segmentar quem está e quem não está pronto para comprar e, consequentemente focar o trabalho dos vendedores em clientes de maior probabilidade de fechamento (reduzindo desperdício de tempo e dinheiro e aumentando a taxa de conversão das reuniões realizadas em vendas), normalmente utilizam-se técnicas de segmentação que derivam de três aspectos principais (já mencionados no Capítulo 6):

1. **Olhar técnico:** Existe alguma característica técnica que impeça, dificulte ou facilite a implementação e o sucesso de seu produto?

2. **Olhar profundo sobre as dores:** O problema que realmente incomoda o cliente e lhe gera uma dor, hoje, é aderente com o que você tem a oferecer?

3. **Olhar situacional:** Qual a situação atual do cliente? Ele tem verba? É decisor? Tem alguma outra alternativa competindo com você?

A partir dessas perspectivas, existem diversas técnicas que podem ser utilizadas, combinando e priorizando diferentes pontos de análise. Cada uma delas faz mais sentido para um tipo diferente de empresa (de acordo com o mercado em que ela atua, a complexidade da venda, o nível de agressividade etc.). Seguem alguns exemplos mais comuns:

BANT

(*Budget* — orçamento; *Authority* — autoridade da pessoa com quem se está falando; *Need* — necessidade; *Timeline* — cronograma de fechamento): Esta técnica é mais comumente usada em mercados com compras planejadas por trabalhar com orçamentação.

ANUM

(*Authority* — autoridade da pessoa com quem se está falando; *Need* — necessidade; *Urgency* — urgência em resolver a dor; *Money* — orçamento): Mais utilizada por empresas que comercializam produtos de maior valor e tempo de negociação.

Existem, ainda, diversos outros modelos, tais como o CHAMP, PACT, FAINT, GPCT, MEDDIC etc. O mais importante não é qual modelo você vai escolher, e sim como colocá-lo em prática, rapidamente, em uma conversa telefônica.

Além desse tipo de segmentação, é possível fazer uma análise baseada no histórico de sucesso e insucesso das negociações, cruzando os perfis de cada cliente que comprou ou não, com base nos padrões de resposta que ele fornecer durante a abordagem ao telefone. A ferramenta da Exact faz isso por meio de aprendizado de máquina — o algoritmo vai aprendendo com o histórico das negociações dentro da ferramenta e replicando os resultados favoráveis.

Porém, para que esta segmentação seja eficiente, é necessário padronização. Raramente alguém terá condições de organizar o pensamento para colocar em prática um modelo de segmentação e realizar a avaliação — tudo isso em meio a um telefonema — sem o auxílio de uma ferramenta. E, para que uma ferramenta possa auxiliar nesse sentido, faz-se necessário um padrão de perguntas e uma categorização das respostas, gerando dados e possibilitando que a ferramenta utilize técnicas como score e aprendizado de máquina, para tomar a decisão de quem é interessante para iniciar um processo de vendas ou não.

Essa transformação das conversas em dados auxiliará, ainda, em posteriores interpretações dos mercados-alvo, pois rapidamente trará respostas relacionadas a eles, de forma padronizada e fácil de cruzá-las. Por isso, é fundamental ter padrão neste momento.

O TERCEIRO GRANDE GRUPO É O DA TRAÇÃO

Ele está intimamente relacionado à habilidade de negociação. É nele que o vendedor fará sua apresentação e os famosos *follow-up* de vendas.

FOLLOW-UP são os contatos feitos para conduzir o andamento da negociação, trazendo materiais complementares, tirando dúvidas, contornando objeções, e por aí vai.

Na apresentação, é muito comum que os vendedores "queimem a largada" e saiam falando do produto antes mesmo de fazerem o dever de casa — estabelecer conexão e confiança. Na Exact, temos um passo a passo para realizar uma boa apresentação.

O primeiro passo é estudar muito bem os dados enviados pela prospecção e montar discursos personalizados para cada tipo de cliente. Nunca pergunte algo que já tenha sido levantado. Use as informações para que o cliente veja você como alguém que realmente entende a empresa dele, um especialista na dor dele.

Depois, vamos para apresentação propriamente dita. Neste momento, prezamos muito pela padronização, mas isso não significa que a apresentação será sempre igual. O padrão está na estrutura, e é nela que moram os outros cinco passos.

Acreditamos que a apresentação deve seguir uma ordem cronológica, respondendo às seguintes perguntas:

Quem eu sou? Na Exact, usamos, na capa da apresentação, uma foto do galpão com cerca de 300 pessoas trabalhando e o slogan "maior software de *sales engagement* da América Latina". O vendedor adapta o discurso de acordo com o cliente, mas sempre busca responder rapidamente quem é a Exact:

SE ESTIVER FALANDO COM UMA EMPRESA PEQUENA/MÉDIA

O vendedor fará um discurso sobre o orgulho de estar representando uma empresa que, em 5 anos, saiu de 2 pessoas para quase 300; de um faturamento mensal de 0 para mais de R$1 milhão; e de nenhum usuário para mais de 10 mil, e tudo isso seguindo a velha máxima de "casa de ferreiro, espeto de ferro"!

SE ESTIVER FALANDO COM UMA EMPRESA GRANDE

O vendedor fará o discurso dizendo que tem muito orgulho de os líderes de mercado do Brasil terem nossa ferramenta em suas operações de prospecção. Orgulho de hoje sermos a ferramenta mais completa da América Latina para sales engagement e podermos apoiar grandes operações de prospecção. Orgulho de ter clientes como SAP, Unimed, BASF, Thomson, Senior, Engie, Sankhia, Ultragaz, entre outros dos maiores players do mercado.

Por que você deveria me ouvir? Aqui, nos embasamos em casos de sucesso, mas não qualquer um! Vamos nos embasar nas dores mapeadas durante o processo de prospecção, a fim de mostrar casos de sucesso com pessoas que estavam com a mesma dor que o prospectado. Um mesmo produto pode resolver diversos problemas, porém é importante entender que nem todo problema gera uma dor (minha roupa pode estar furada, e eu não estar nem aí — isso é um problema, mas não uma dor). Então, entenda o que, de fato, está doendo no cliente, para atacar cirurgicamente no lugar correto e apontar exemplos de pessoas que superaram aquela dor específica.

Exemplo: estou prospectando alguém que está com problemas para metrificar o desempenho do seu time. Então, uso o caso de algum cliente da Exact que passou por este mesmo problema e hoje conseguiu solucioná-lo. Se este cliente for de um mercado similar, melhor ainda!

Um bom hack para tornar a apresentação do caso de sucesso mais atrativa é usar a jornada do herói. Este é um conceito criado por Joseph Campbell em 1949 em seu livro *O Herói de Mil Faces* e, posteriormente, usado como base por Christopher Vogler, roteirista de Hollywood, que transformou a obra de Campbell em um memorando para os estúdios Disney e popularizou o conceito. Roteiros do mundo todo usam esta estrutura para dar maior impacto às histórias e torná-las mais atrativas.

A jornada deve passar por doze passos para prender o leitor e ser memorável. São eles:

1. **O mundo comum:** a história inicia em um mundo comum ao telespectador;

2. **O chamado à aventura:** acontece um evento que tira o protagonista da zona de conforto;

3. **Recusa ao chamado:** a primeira ação é o herói negar o chamado, dizer que aquilo não é para ele;

4. **Encontro com o mentor:** o herói conhece alguém que lhe mostra um caminho para aceitar o chamado; lhe dá confiança. (Muitas vezes, este será o bom vendedor.);

5. **A travessia do primeiro limiar:** quando o protagonista se depara com o mundo novo, muda de perspectiva e descobre seus próprios poderes;

6. **Provas, aliados e inimigos:** os primeiros desafios que precisam ser enfrentados. Os primeiros vilões aparecerão, mas ainda serão relativamente frágeis;

7. **Aproximação da caverna secreta:** momento de reflexão e até um princípio de negação ao chamado.

8. **A provação:** o grande desafio. Quando o herói quase morre, mas vence um vilão difícil;

9. **A recompensa:** finalmente a vitória, um prêmio e uma breve comemoração.

10. **O caminho de volta:** reflexão sobre como a vitória ocorreu, seus aprendizados;

11. **A ressurreição:** o vilão principal nunca morre tão facilmente, ele ressurge ainda mais forte;

12. **O retorno com o elixir:** enfim, a vitória principal! Nosso cliente, então, solucionou sua dor!

Você não precisa passar por todas as etapas para contar um caso de sucesso impactante, até para não ficar maçante. Porém a estrutura geral deve ser seguida, pois ela dá muito impacto e verdade à sua história. É fundamental entender que só é possível seguir este storytelling se você realmente tiver uma história triunfal para apresentar.

OUTRA DICA NA ETAPA DE TRAÇÃO É

pilotar o avião. Lembro-me de um cliente e amigo que pediu para eu acompanhar uma reunião de vendas de um vendedor dele, que parecia ser muito bom, mas estava vendendo pouco. Topei, inclusive com a intenção de fazer uma análise.

CHEGANDO LÁ,

vi uma apresentação maravilhosa; o cara era um fenômeno da oratória. Quando chegamos na empresa novamente, ao entrar na sala do meu amigo, ele me perguntou o que eu achava do vendedor. Falei que ele tinha um excelente palestrante, porém não tinha um vendedor.

ELE ME PERGUNTOU O PORQUÊ.

Respondi que o primeiro ponto era a ausência total de agressividade do vendedor. Tudo bem se você não quiser ter uma venda agressiva (isso é importante até em termos de posicionamento), mas é preciso, minimamente ter uma venda, o que exige pelo menos um tom de agressividade no discurso e na condução.

O PONTO PRINCIPAL

dessa falta de agressividade foi que, ao final da reunião, o vendedor simplesmente se despediu e falou aos seus interlocutores que aguardaria o contato deles ou ligaria, caso preferissem assim; então, perguntou o que eles preferiam. O cliente potencial falou que entraria em contato assim que tivesse uma posição. Não houve surpresa alguma quando o gestor me avisou que o cliente não ligou, que o vendedor mandou um e-mail para o potencial cliente (pois ficou com medo de ligar), e que a venda não aconteceu.

O vendedor precisa pilotar o avião! Precisa ditar o ritmo das coisas. Ao final da reunião, nunca deixe de perguntar ao cliente se a solução fez sentido para ele, o que falta para baterem o martelo e partirem para implementação. Na Exact, cerca de 30% de nossas vendas são feitas logo após a primeira apresentação, o que não é comum para uma empresa que vende um software de alto valor agregado.

Eu me lembro de mentorar uma empresa em que o gerente de vendas (com uma venda muito mais simples que a minha), me falava que o cliente dele jamais fecharia na hora. Então, perguntei se ele tinha um processo que o permitisse afirmar isso, o que obviamente ele não tinha. Hoje, ele faz essas simples perguntas ao final da reunião e já tem quase 10% das vendas sendo fechadas na hora. Cuidado para não tomar decisões com base meramente na sua intuição. Guie-se por dados.

Na Exact, o próximo passo deste processo de pilotar o avião é conduzi-lo ao longo do tempo e da jornada do fechamento. Por exemplo: se o cliente disser que falta alinhar com o financeiro, então o vendedor vai, primeiro, usar de reciprocidade (gatilho mental); depois, tomar a frente e agendar datas para as coisas acontecerem (aqui, chamamos isso de *roadmap to close*). Quando alguém dissesse que faltava falar com o financeiro, o vendedor falaria mais ou menos assim:

"Que bom que falta tão pouco! Vou compartilhar com você uma planilha financeira que vai facilitar esse bate-papo com o financeiro. Inclusive, se quiser, consigo agendar um horário para auxiliá-lo nessa conversa! Você acredita que em dois dias você já consiga falar com o responsável do financeiro e tenhamos nossa resposta? Então, podemos agendar uma ligação minha para daqui a dois dias, às 14h?"

O que tenho para lhe contar que você não conhece? Antes de falar de produto, fale de conceito! Explique questões teóricas e torne-as óbvias.

Uma dica: não seja trivial demais, nem técnico demais. Normalmente, eu misturo os dois; falo o termo técnico e depois o explico de maneira simples. Por exemplo: quando digo que o marketing entrega MQLs para o time de SDRs, isso é técnico demais e muita gente não entende. Então, complemento: "...ou seja, ele repassa diretamente para o time de prospecção todas as pessoas que pediram para receber um contato; assim, eles podem fazer esse contato efetivamente." Isso faz com que o cliente não o ache trivial, porém entenda exatamente o que você está querendo dizer.

Normalmente, ao final desta etapa, você fará a primeira conferência e perguntará se tudo que falou fez sentido e se ele imagina este tipo de conceito aplicado ao dia a dia da empresa dele.

Na Exact, utilizamos o funil de vendas com os "5 ços" nesta etapa, explicando muita coisa do que estamos tratando aqui, neste capítulo, para o cliente potencial, porém focado na empresa dele.

Por que escolher meu produto? Este é o ápice de sua apresentação. O produto deve amarrar tudo que você explicou na etapa anterior e vir como o elixir para ser usado diariamente e simplificar tudo aquilo que vocês já conversaram antes.

Quando possível, o ideal é mostrar a utilização do produto na prática. Foque soluções diretamente relacionadas às dores, mas não deixe de mostrar o todo.

Quanto você terá que investir? Você apresentará o preço, mas nunca deve encerrar com ele. A conversa sempre acaba abordando os benefícios do produto, com o objetivo de conduzir a interpretação para que ela seja a de um investimento e não de custo.

Na Exact, utilizamos uma calculadora de retorno sobre o investimento, para que o cliente consiga simular cenários de melhoria com nosso produto e estimar o tempo de ROI, além dos lucros que poderá obter a partir do investimento que fará ao comprar nosso produto.

O QUARTO GRANDE GRUPO – INTIMAMENTE LIGADO AOS ÚLTIMOS DOIS – É O DA NUTRIÇÃO

Ao longo das últimas etapas do funil (atração e tração), fomos tirando clientes potenciais que tinham baixa probabilidade de fechar naquele momento, e outros foram saindo por dizerem ao vendedor que não pretendiam comprar no curto prazo (por isso, o nome funil). Estes clientes potenciais que foram tirados ou optaram por sair do processo não são necessariamente ruins. Eles podem apenas não estar prontos.

Sendo assim, você pode conectá-los com um funil de nutrição e educação, dentro de uma ferramenta de inbound marketing, por exemplo (como Resultados Digitais, Hubspot, Lead Lovers, Sharp Spring, entre outras opções). Por meio dela, você vai automatizar disparos de e-mails que educarão em lote esses clientes potenciais que ainda não estavam preparados, até que eles solicitem um novo contato.

Para empresas em estágio inicial, este "ção" não é tão utilizado, pois o ROI tende a ser mais alongado, e normalmente a empresa não tem fôlego para investir em frentes diferentes. Entretanto, para empresas mais maduras, este "ção" pode dar uma espécie de turbinada na linha de produção de vendas, pois consegue alinhar um funil objetivo, com a ideia de educação do mercado.

O QUINTO GRANDE GRUPO É O DE RETENÇÃO

Pouco tempo depois de ter lançado os "ções" do funil comercial, percebi que este poderia ser chamado de retenção e expansão. Afinal, mais que reter uma base fiel, você pode expandir o ganho com sua carteira de clientes — gerando aquele formato de ampulheta do funil desenhado.

Basicamente, aqui estamos falando de satisfação do cliente (ou de sucesso do cliente, como chamamos). Quando ele compra algo, ele tem um objetivo, e este é o momento de você alcançar o objetivo junto com ele, estabelecer confiança e abrir portas, tanto para ele se manter seu cliente quanto para expandir o consumo dele.

Na Exact, temos quatro gerências que cuidam deste último "ção". Elas respondem à diretoria de relacionamento com o cliente, sob a batuta do Diego Max. São elas:

1. **Implementação do software:** Esta área tem, inicialmente, os profissionais de abertura de projeto, responsáveis por checar se o cliente entendeu exatamente o que adquiriu, alinhar as expectativas e conduzi-lo ao profissional que implementará o sistema. O profissional de abertura pode devolver o cliente para o comercial caso haja algum desentendimento que não tenha sido resolvido; e, caso a questão não seja solucionada, a venda pode ser cancelada, evitando que o cliente tenha um desgaste futuro.

   Estando tudo certo, o cliente passa para o implementador. Este fará reuniões online com o cliente, utilizando, hoje, um total de 17,5 horas para isso. (Este total já foi de 80 horas, mas, com as tecnologias do software, conseguimos reduzir o tempo necessário e, consequentemente, o valor da implementação.) Durante esse tempo, o implementador desenhará, a quatro mãos, as funcionalidades-chave, como roteiro de perguntas, score para segmentação, entre outras;

2. **Sucesso do cliente (CS):** Logo após a implementação, entra em ação um novo time. Primeiro, ele traça um planejamento de obtenção de sucesso junto com o cliente (que costuma abarcar um período de seis a doze meses), que inclui configurações avançadas, checagens de desempenho e evolução, ajustes, entre outros. Esses contatos são feitos de maneira ativa e têm o objetivo de atingir o sucesso com os clientes. (Os clientes da Exact que se relacionam mais com o time de CS, os que são mais abertos a isso, normalmente figuram entre os maiores casos de sucesso.)

   Vale lembrar que o CS é um time diferente do time de SAC (atendimento ao consumidor), uma vez que este é reativo e trata questões pontuais.

Um time de CS alinhado faz com que você retenha melhor o cliente, atinja o sucesso mais facilmente, aumente o índice de satisfação, facilite a expansão de produtos e pacotes, e, por fim, aumente o volume de indicações que seus clientes fazem para novos possíveis clientes. Atualmente, existem meses na Exact em que 15% das vendas vêm de indicações da nossa base clientes, mesmo que não tenhamos nenhuma campanha de benefícios para incentivar essa prática;

3. **Expansão:** Com uma base de clientes fiéis e satisfeitos, a tendência é eles aumentarem o consumo ou mesmo procurarem outras soluções complementares que você indique.

Na Exact, além de os times de prospecção dos nossos clientes crescerem a partir dos resultados, aumentando o número de usuários e, consequentemente, o ticket, temos investido em produtos complementares, para auxiliar ainda mais o cliente a atingir seus objetivos.

A compra da Resultys ilustra isso. Dessa forma, nossa base começou a consumir este novo produto. Além disso, lançamos nossa própria telefonia integrada com o software, e nossa base está aderindo-a, já que ela fornece diversas vantagens em relação à concorrência. Então, hoje, além de reter os clientes, estamos preocupados em expandir a conta deles, bem como a proposta de valor que estamos entregando;

4. **Academia Exact:** Uma das maiores dores de nossos clientes era a contratação de pré-vendedores (prospectadores). Por ser uma área nova e em desenvolvimento (fomos pioneiros deste conceito em 2015), existia pouca gente qualificada no mercado. Sendo assim, criamos uma área que forma gratuitamente novos pré-vendedores (pessoas desempregadas no mercado) e os conecta com os clientes.

> **DICA:** Quando chegar à metade do período planejado com o cliente, crie um novo planejamento com periodicidade igual à do anterior, mantendo sempre um horizonte de evolução. Por exemplo, se seu planejamento foi de seis meses, no terceiro mês, desenhe um novo planejamento de mais seis meses.

Portanto, se especializar em cada uma dessas etapas (em cada um dos "ção"), tendo processos bem desenhados, ferramentas robustas para sustentá-los e pessoas bem treinadas e motivadas, vai lhe gerar uma linha de produção de vendas confiável e capaz de conduzir sua empresa para o sucesso.

Não esqueça: uma empresa com uma grande solução, porém sem uma boa linha de produção de vendas é como um carro de primeira linha sem postos de combustível na cidade — ficará parado e não levará ninguém a lugar nenhum.

Você não precisa largar com a linha de produção completa. O foco é a base de tudo (se lembra do Capítulo 2?). Então, entenda o tempo certo para colocar cada máquina para rodar e a ordem ideal para que isso ocorra em seu negócio, sempre norteado pelo seu planejamento financeiro. Entenda cada máquina de maneira segmentada e especializada — isso fará toda diferença para seu crescimento.

EM SUMA:

ENTENDA SUAS VENDAS

como uma linha de produção, com máquinas que devem funcionar muito bem independentemente e se comunicar perfeitamente entre si. Cuidado para não apostar tudo em uma única máquina e cair na falácia do supervendedor.

NO CAMPO DA ATRAÇÃO,

defina se sua estratégia será ativa ou passiva e entenda de onde surgirão os contatos dos clientes potenciais, a fim de iniciar o processo de vendas. Entenda que o insumo precisa ser bom para o produto — neste caso, a venda — sair bom no final da linha de produção.

ENTENDA QUAIS CLIENTES TÊM MAIOR PROBABILIDADE DE SUCESSO

com seu produto e mais probabilidade de fechamento. Desenhe um processo para segmentá-los em meio ao todo e tenha uma boa ferramenta para fazer isso, de forma eficiente e padronizada.

NA HORA DE TRACIONAR A VENDA,

tenha um padrão de apresentação que gere empatia e confiança antes de apresentar o produto. E sempre pilote o avião durante a negociação.

TENHA CIÊNCIA DE QUE NUTRIR CLIENTES POTENCIAIS

que não chegaram até o final do funil pode ser uma boa forma de turbinar seus resultados e resgatar alguns deles, que, inicialmente, não estavam prontos para comprar.

OLHE PARA SUA CARTEIRA DE CLIENTES

como oportunidade, tanto para sua expansão quanto promoção no mercado, gerando indicações para novos clientes.

12

ENTENDA PESSOAS E SOCIEDADES – PERSUASÃO

A meu ver, quando você entende o comportamento humano e social, tudo fica mais fácil. Independentemente de qual seja sua profissão, você sempre vai interagir com pessoas, e, se souber se posicionar e expor suas ideias de maneira eficiente, tenderá a ganhar muita relevância no meio em que estiver inserido. Existem pessoas tecnicamente geniais que não atingem o sucesso por serem socialmente um desastre e vice-versa.

Hoje em dia, vejo a maioria dos pais preocupados exclusivamente com as notas de seus filhos no colégio. Não que isso não seja relevante para educação deles, mas, para mim, o mais importante é o convívio social, que gera entendimento humano na prática — algo pouco valorizado em nossa educação e para o qual os pais reservam pouca ou nenhuma preocupação durante a formação da criança.

Nunca tirei as melhores notas, mas também nunca estive entre os piores alunos — por exemplo, nunca precisei de aulas de reforço nem precisei fazer provas de recuperação. Apesar de não ter sido o melhor aluno em relação às minhas notas, sempre me destaquei em outro âmbito, o da socialização. Organizei festas, fui líder de turma, participei de diversas competições em esportes coletivos e assim por diante.

Meu pai, mesmo sem saber, investiu na minha educação social. Isso porque, ao mesmo tempo que estudei em um colégio da elite na cidade de Florianópolis, eu o acompanhava em eventos com seus companheiros de futebol, nos quais havia pessoas das mais variadas classes sociais, credos, etnias, e eu fazia muitos amigos nesse meio. Ainda, a própria história do meu pai é a de alguém que praticamente passava fome e avançou até se tornar alguém que conseguiu pagar um colégio de elite para os filhos, vencendo por meio do estudo e transitando, assim, em diferentes meios sociais ao longo de sua vida.

Essa convivência diversa me levou a cometer diversos equívocos nos diferentes contextos sociais em que convivi. Carreguei preconceitos de um lado para o outro durante o início da minha formação; muitas vezes, me posicionei de forma totalmente equivocada nos lugares onde eu estava. Entretanto, aos poucos, fui me adequando a cada contexto, vendo que todos tinham aspectos negativos e positivos, e que era possível extrair o melhor de cada um e aprender muito com todos. Bastava não julgar, entender as diferenças e me adequar. Isso não quer dizer que eu tinha que mudar quem eu era essencialmente, mas que podia adaptar algumas pequenas atitudes, a fim de me introduzir nos contextos em que estava vivendo a cada momento.

Essa foi a primeira vez que tive que aprender sobre pessoas — e foi um aprendizado prático. Depois, estudei muito sobre comportamento humano, mas tenho certeza de que a maior parte do meu sucesso profissional se deve a esse aprendizado!

Já na faculdade, tive algumas matérias que me encantaram muito: psicologia do consumidor e sociologia do consumo são alguns exemplos delas. Cogitei fazer um mestrado na área de comportamento humano — aliás, ainda cogito —, pois sou realmente apaixonado por compreender a forma como o ser humano se comporta.

Lembro que estudei grupos sociais diferentes para desenvolver diferentes produtos na época da minha primeira empresa. Na Dois Pra Um Design Industrial, nós estudávamos muito antes de desenhar qualquer novo produto. Esta era nossa marca enquanto agência de design de produtos: trabalhávamos de ponta a ponta, do marketing até a produção.

Um caso que me marcou muito foi quando nos solicitaram um projeto de carrinho para catadores de materiais recicláveis. Eu e José Serafim, um dos meus primeiros sócios na Dois Pra Um (éramos seis, no início, e dois, no final), fomos até os catadores e conversamos com eles, a fim de entender mais do que a mera utilização do carrinho, mas também o contexto social no qual os catadores estavam inseridos e o dia a dia deles. Foi uma grande experiência; por fim, entendemos que o projeto que nos havia sido solicitado não fazia sentido no contexto que estudamos. Assim, acabamos não realizando o projeto.

Para mim, a resposta sempre está nas pessoas. Afinal, produtos e serviços são feitos para elas. Esta é uma das grandes falhas dos empreendedores: projetar pensando na tecnologia antes de pensar nas pessoas, ou projetar pensando no que seria bom para eles e se esquecer de verificar se também será bom para quem quer que compre e utilize o produto/serviço. É muito comum o ser humano achar que o seu contexto social é o contexto geral — se algo é popular no meu meio social, então, julgo que isso é conhecido nacionalmente, por exemplo.

PROJETAR PENSANDO NA TECNOLOGIA

é um dos erros mais comuns no início das empresas. Uma vez, mentorei um programa chamado Startup Weekend — um projeto muito legal, no qual, em um fim de semana, você e um grupo de pessoas até então desconhecidas criam uma empresa e competem contra outros grupos pela melhor ideia. Este ao qual me refiro foi na beira da praia, e um dos grupos havia tido a ideia de criar um software para aproximar os turistas de programas culturais não comumente turísticos. A ideia era, por exemplo, o turista poder pagar para ajudar o pescador a tirar a rede de pesca. Assim, parte do dinheiro iria para o pescador e parte para a nova empresa. O turista teria uma experiência única, e o pescador, uma ajuda extra, além de dinheiro;

A IDEIA ERA MUITO BACANA — INCLUSIVE, eu tinha mentorado uma empresa da aceleradora ACE com uma ideia similar que estava indo superbem. (Sua ideia não precisa ser inédita para ser boa.) Porém, quando cheguei para acompanhar o que estavam fazendo, eles estavam, basicamente, pensando em como seria a tecnologia para isso acontecer na prática;

O QUE EU FIZ? Falei que eles tinham uma praia cheia de turistas e que, no dia seguinte, os pescadores tirariam as redes. Então, antes de pensar em tecnologia, eles poderiam verificar se a ideia fazia sentido, se as pessoas a consumiriam, se pagariam por essa experiência, e se o pescador estaria disposto a fazê-la acontecer, por exemplo;

FOI O QUE ELES FIZERAM! Depois, fiquei sabendo que foi uma experiência linda, que eles conseguiram lotar uma turma de turistas, e que o pescador até chorou ao explicar como era o trabalho dele. As pessoas realmente estavam dispostas a pagar pela experiência, e o pescador (que seria o prestador do serviço) a viabilizá-la. Na minha opinião, foi um golaço!

SE ESSA EQUIPE GANHOU OU NÃO a competição de melhor ideia, não sei (não estive presente no segundo dia e acabei não perguntando sobre o time vencedor), mas afirmo que eles alcançaram o primeiro passo de toda grande ideia — a prova de valor.

Quando entrei no mundo das vendas, ao fundar a Exact (que desenvolve um software para uma etapa específica do processo de vendas, a de prospecção), descobri que uma frente de estudo muito interessante quando o assunto é comportamento humano era a persuasão, e que isso deriva basicamente do entendimento do comportamento humano. Fiquei apaixonado pelo tema após uma palestra de Robert Cialdini em um evento a que fui e resolvi me aprofundar, para utilizá-la não só no dia a dia de vendas da Exact, mas no meu próprio cotidiano como empreendedor — afinal, no meu entendimento, vender a empresa e o produto para nossos colaboradores é uma das principais funções de um CEO.

O primeiro autor que conheci na área da persuasão depois de Robert Cialdini foi Daniel Kahneman, que escreveu o livro *Rápido e Devagar: Duas formas de pensar*. Basicamente, ele dividiu nosso cérebro em dois grandes sistemas:

1. **Sistema rápido:** É o que usamos com mais frequência, que resolve rapidamente problemas mais simples, como uma adição ou subtração, por exemplo;

2. **Sistema devagar:** Este é o lado utilizado quando temos que parar para raciocinar — é o que vai resolver uma raiz quadrada, por exemplo. Nós o usamos muito menos do que o sistema rápido.

Para ficar mais fácil de entender, vou exemplificar.

Exemplo de sistema rápido: Imagine que um pão e um refrigerante, juntos, custem R$2,10, sendo que o refrigerante custa R$2 a mais do que o pão. Quanto custa o pão?

Obviamente, o pão custa R$0,10. Correto?

Não! Afinal, se o pão custar R$0,10, o refrigerante custará R$2 (para a soma dar R$2,10, conforme especificado no enunciado). Neste caso, a diferença entre os dois será de R$1,90 e não R$2, como o enunciado especifica. A resposta correta é R$0,05 para o valor do pão, e R$2,05 o do refrigerante. Assim, os dois somarão R$2,10 e terão a diferença de R$2, conforme o enunciado.

Por que você não pensou do jeito certo, se a solução era tão simples?

Eu explico: você utilizou o sistema 1 (cérebro rápido). Este sistema é impulsivo e, por vezes, nos faz ter uma ideia distorcida das coisas. Você foi induzido a isso, pois a forma como o enunciado apresentou as informações era uma pegadinha. Além disso, ele foi posicionado em um lugar estratégico neste capítulo, levando você a pensar que seria um problema básico como adição e subtração, então seu cérebro foi diretamente conduzido para esse tipo de operação.

A fala rápida, o uso de adição e subtração, o aumento de tom de voz, entre outras técnicas, normalmente o levam a utilizar o sistema 1. Esse tipo de raciocínio é muito comum no caso de vendas transacionais (menos complexas), venda de cartão de crédito, seguros, entre outros.

Independentemente do gatilho que for utilizar, é fundamental estar atento à forma como apresenta as coisas — a ordem das palavras e a entonação fazem toda diferença. Você é capaz de fazer as pessoas seguirem seus comandos se souber a forma como o cérebro delas responde aos estímulos.

VOU DEMONSTRAR ISSO COM UMA PEQUENA BRINCADEIRA que aprendi com meu amigo Ricardo Voz, consultor de comunicação das maiores celebridades e empresários do Brasil. O Ricardo me ensinou uma forma de fazer com que todos sigam meu comando, e vou lhe demonstrar como isso funciona!

AO MEU COMANDO, você vai tirar a mão da cabeça; depois, vou explicar o que fiz. Então, preciso que faça o experimento para vermos se vai dar certo e se você vai, de fato, tirar a mão da cabeça!

Então, coloque a mão na cabeça para fazermos o experimento.

Em um dos papos que tive com o Ricardo Voz, ele citou a forma como educa sua filha. Segundo ele, todas as pessoas querem se apoderar de suas decisões, então o que ele faz é reduzir as alternativas e deixá-la pensar que está no comando. Por exemplo, se ele quiser que ela coma salada, ele pergunta se hoje ela quer comer salada ou fígado, pois sabe que ela detesta fígado e vai escolher salada. O importante é ela ter a sensação de estar no controle. Nas vendas, podemos fazer algo muito parecido ao reduzir os caminhos que o cliente potencial pode hipoteticamente seguir.

Nas vendas da Exact, usamos mais o sistema 2 dos clientes. Devido à complexidade da compra, tentamos conduzi-los a uma decisão pensada. Então, com o intuito de fazer o cliente pensar na hora da compra e entender se ele vê sentido no que foi apresentado, quando vamos apresentar questões técnicas, normalmente, utilizamos a tela do computador para desenhar (nossa venda é toda feita por reuniões online) e diminuímos um pouco o ritmo de fala. Essas técnicas fazem o cliente acionar o sistema 2, para tomar uma decisão mais pensada e menos impulsiva.

Então, você pode conduzir as pessoas a utilizarem o lado do cérebro que fizer mais sentido em cada momento ao longo da negociação. Meu alerta é o de sempre utilizar essa técnica com responsabilidade. Antes de mais nada, concentre-se em entender se realmente faz sentido para a pessoa comprar o que você pretende vender ou a ideia que pretende transmitir.

Um outro gatilho que utilizamos bastante na Exact é chamado *priming*, que nada mais é do que o contexto. Imagine que estejamos falando sobre futebol, e eu peça para você completar a última letra da seguinte palavra:

BOL_

Provavelmente você completaria com a letra A, formando a palavra BOLA. Agora imagine se estivermos falando sobre receitas de sobremesa, e eu repetir o mesmo pedido. Provavelmente, você completará com a letra O, formando a palavra BOLO.

Você mudou de decisão basicamente pelo contexto que estava inserido — isso é *priming*.

Aqui na Exact, por exemplo, quando fechamos uma venda, buzinamos bem alto para que o possível cliente que está tendo uma reunião online com um vendedor possa ouvir. Por fecharmos muitas vendas, isso acontece com uma certa frequência. Nosso vendedor, então, precisa parar e explicar o barulho, e conta a ele que se trata de empresas que fecharam o contrato com a Exact naquele momento. Deste modo, eu coloco o cliente potencial que está em reunião em um contexto de fechamento, entendendo que é normal fechar negócio com a Exact. Assim, fica muito mais fácil conduzi-lo a completar nossa reunião com uma assinatura de contrato.

Comecei, então, a fazer alguns experimentos, não só no campo dos negócios, mas no dia a dia, em algumas palestras ou com alguns amigos. Isso foi muito legal para eu praticar este uso. Vamos dar um exemplo de um gatilho que uso bastante nas vendas:

FATO:
O prédio Burj Khalifa é o prédio mais alto do mundo;

MEU OBJETIVO É
fazer um teste de conhecimento gerais com você, fazendo-lhe duas perguntas:
Você acha que ele é maior que 1.630m?
Quanto você acha que ele mede?

A PRIMEIRA RESPOSTA É NÃO,
ele não é maior que 1.630m — cerca de 50% das pessoas acertaram essa. A segunda resposta, cerca de 90% das pessoas erraram — ele deve ser menor do que você imaginou e tem "somente" 828m;

COMO SEI QUE VOCÊ ERROU
para mais ou que, provavelmente, tenha errado para mais?

PORQUE UTILIZEI UMA TÉCNICA CHAMADA ANCORAGEM.
Como, provavelmente, você não tem a menor ideia de quanto mede o prédio mais alto do mundo, eu lhe dei uma referência altíssima, e provavelmente seu palpite não seria menos que 1.000m, pois a única referência que você tem é a que eu dei na primeira pergunta, que é muito superior a isso.

Na Exact, utilizamos muito esta técnica: antes de apresentar o preço do nosso software, falamos do preço de nossos competidores. Hoje, os competidores que estão em estágio tecnológico similar ao nosso são empresas mundiais e muito mais caras. Falamos, então, sobre o preço dessas empresas de maneira bastante natural durante a apresentação; assim, quando apresentamos o preço do nosso software, surpreendemos o possível cliente positivamente, pois na mente dele seríamos muito mais caros.

Resolvi evoluir e testar isso no dia a dia.

Perguntei a uma amiga que nunca fazia nada para ninguém se ela podia ir ao restaurante e pegar um refrigerante para mim (era necessário subir uma ladeira para chegar até lá). A resposta dela foi enfática: nem pensar. Então, perguntei se ela podia ir até a cozinha da empresa e pegar uma água. Ela, que nunca fazia nada para ninguém, atendeu prontamente.

O que eu fiz aqui? Ancorei em algo muito cansativo que provavelmente ela não faria, para, depois, ela achar meu segundo pedido mais factível e acabar me atendendo! Ou seja, ancorei alto.

Lembra que falei que me apaixonei por persuasão vendo uma palestra do Robert Cialdini. Ele escreveu o livro *As Armas da Persuasão: Como influenciar e não se deixar influenciar*, no qual resume seis armas de persuasão. Vou focar três, que utilizamos muito aqui na Exact, e lhe mostrar como as colocamos em prática no dia a dia:

1. **Reciprocidade:** Quando você dá algo para alguém, a tendência é que este alguém retribua. Ou seja, a pessoa vai se sentir em dívida com você.

   Então, em alguns mercados dos clientes da Exact, nos quais é mais difícil engajar o potencial cliente deles na linha em uma ligação de prospecção (a Exact trabalha com um software para prospecção, por isso, algumas vezes, auxilia seus clientes também nas suas estratégias de abordagem), pedimos aos nossos clientes para criarem planilhas de auxílio ao cliente potencial deles; tais planilhas geram alto valor agregado, a ponto de fazer sentido cobrar por elas.

Deste modo, nós os orientamos a, primeiramente, ligar para oferecer gratuitamente essa planilha de auxílio (que "normalmente" seria cobrada, mas, por algum motivo, será oferecida gratuitamente). Se o cliente aceitar o envio, ele provavelmente conversará com o prospectador de forma bem mais engajada (já que estará lhe "devendo" um favor). Isso se dá pela necessidade de reciprocidade;

2. **Afeição:** Aqui na Exact, antes de ligar para um cliente potencial para prospectar, tentamos descobrir mais sobre ele — por exemplo, se ele já recebeu investimento de algum fundo de investimento. Caso já tenha sido, iniciamos a conversa dizendo que é muito legal falar com alguém que já foi investido também (já que nós também fomos), pois a empresa tem a mesma realidade que vivemos na Exact, de ter que crescer muito rapidamente de forma inorgânica.

Por que fazemos isso?

Para que ele crie afeição por nós, por meio dessa semelhança. As pessoas tendem a ter mais simpatia com quem se assemelham;

3. **Prova social:** 95% das pessoas são imitadoras. Então, quando ligamos para uma empresa prospectando, fazemos questão de falar que trabalhamos com duas ou três empresas que são referência no mercado desta empresa prospectada, citando os nomes. Isso facilita muito para que ela abra as portas a partir desta prova social e esteja engajada durante todo o processo de prospecção e venda.

LEMBRO-ME DE UM CASO

em que fui dar uma mentoria para um empreendedor fantástico de Florianópolis, chamado Fabiano, do qual me tornei cliente e amigo posteriormente. Ele tinha uma empresa de concierge (cuidava do transporte, manutenção da casa, entre outras coisas que facilitavam a vida dos clientes dele). Atendia alguns jogadores de futebol, e todos adoravam seu serviço, que de fato é extremamente diferenciado, por ser centrado no cliente ao extremo.

O QUE DISSE A ELE?

QUE ELE TINHA A PROVA SOCIAL NECESSÁRIA

em um grupo específico (o de jogadores), mas que não estava usando-a. Então, sugeri a ele, primeiro, focar o trabalho neste grupo de pessoas (foco é sempre o melhor caminho). Depois, lhe sugeri usar mais as mídias sociais com depoimentos destes jogadores e, ainda, quando fossem agradecê-lo ou elogiar seus serviços, que ele lhes pedisse para contarem suas experiência para os colegas de profissão.

NÃO SEI QUANTO TIVE INFLUÊNCIA NISSO,

mas fiquei muito feliz pois, hoje, praticamente todos os jogadores famosos contratam o Fabiano para este tipo de serviço quando vêm para Florianópolis.

Um outro gatilho que hoje estamos usando menos, mas que já usamos muito é o de escassez. É por causa dele que existem as promoções que dizem: "só hoje o valor será esse", "tenho só mais um produto neste valor" etc. Este gatilho, quando bem utilizado, faz com que o processo de decisão de compra acelere bastante.

Gosto muito de estar sempre aberto a conhecer novas ferramentas e de colocar em prática todas aquelas com as quais me deparo; assim tenho domínio para argumentar sobre cada uma delas. Neste sentido, lembro-me de quando coloquei em prática a ferramenta "Pregão de Guerra", do meu amigo Alexandre Jaques.

Basicamente, ele monta uma sala de guerra com pessoas de diferentes times da empresa e usa uma série de gatilhos mentais para tentar vender um grande número de produtos que estiverem parados, em um único dia.

No caso da Exact, fizemos isso com uma base de clientes que havíamos descartado no funil de vendas. A experiência foi muito bacana e atingimos um bom número de vendas nesta base que demoraríamos muito para resgatar por meio de uma estratégia de nutrição.

Não fizemos mais este tipo de ação por algumas questões estratégicas, mas aprendemos muito com esta prática e eu sempre a indico para quem está com estoque parado. Depois, reencontrei o Alexandre, e ele virou um fenômeno auxiliando montadoras e imobiliárias com este tipo de ação (com resultados muito expressivos). Mas por que estou apresentando este caso neste capítulo?

Para exemplificar outro gatilho mental. O principal gatilho utilizado por ele, na minha avaliação, foi o de escassez. Eram disponibilizados cards com descontos agressivos que eram realmente limitados e divididos entre todos os vendedores. Quem pegasse o card primeiro, tinha um tempo máximo para utilizá-lo. Assim, existia realmente a escassez de desconto, e o vendedor transmitia muita verdade ao falar com o cliente. Foi um exercício muito interessante.

Houve uma época na Exact em que a velocidade de fechamento era uma métrica muito importante. Então, tínhamos uma tabela regressiva de desconto ao longo do tempo. Quanto mais rápido o cliente tomasse a decisão, maior o desconto que ele conseguiria obter. Desta forma, conseguíamos fazer mais de 50% das vendas na hora da reunião. Por isso sempre digo que desconto, quando bem utilizado e alinhado com o planejamento financeiro, pode ser uma grande arma — demonizar o desconto, a meu ver, é uma falta de inteligência enorme.

É importante entender que os gatilhos mentais atuam de formas diferentes nos diferentes perfis de pessoas. Por isso, o primeiro passo de uma boa comunicação é entender o perfil comportamental da pessoa com quem você está falando antes de sair aplicando gatilhos.

Existem várias técnicas para realizar este tipo de análise. Eu gosto muito da teoria dos arquétipos. Na psicologia analítica, Carl Gustav Jung definiu 12 principais tipos de arquétipos, simbolizando as motivações humanas básicas, que são divididos em 3 grandes grupos. Se soubermos identificar com que tipo de arquétipo estamos lidando, a comunicação tende a ser muito facilitada. Ninguém tem um único arquétipo, mas todos tendem a ter um dominante.

Vamos a eles, de maneira bastante objetiva, e a alguns exemplos de como podemos negociar com cada um:

GRUPO 1: OS TIPOS DE EGO

1. **O inocente:** Tem o objetivo de ser feliz, é conhecido como ingênuo e sonhador. Você deve negociar com ele fazendo-o sempre se imaginar naquela situação. Estratégias de storytelling tendem a funcionar bem;

2. **O órfão:** O objetivo dele é fazer parte do todo, é pertencer. Ele é realista e empático. Estratégias de prova social tendem a funcionar bem com este tipo de arquétipo;

3. **O herói:** Está em busca de provar seu valor, de realizar atos corajosos. Odeia ser visto como covarde e é um pouco arrogante. Todo herói surge em um mundo de caos, para consertar as coisas. Na negociação, mostre a ele este mundo de caos (mas nunca o deixe pensar que isso aconteceu

por culpa dele); depois, mostre-lhe que ele pode usar seu produto para ser o salvador da pátria;

4. **O cuidador:** Busca proteger e cuidar dos outros, é generoso e tem medo de ser egoísta. Quando negociar com ele, coloque seu produto em um contexto de auxílio ao todo, de auxílio à equipe dele e à empresa como um todo, não somente como algo que resolverá a dor dele, separada das demais.

GRUPO 2: OS TIPOS DE ALMA

1. **O explorador:** É um inconformado, quer desbravar, experimentar. Apresente seu produto como uma experiência, crie fases do seu projeto e diga a ele que, juntos, descobrirão os caminhos que o projeto seguirá;

2. **O rebelde:** É um destruidor, vai contra tudo que acredita ser ineficiente, é ousado e radical. Diga a ele que seu produto não é para todos, e que é necessário entender se ele faria sentido para ele; diga que o problema de seu produto é que ele precisa de uma revolução na empresa para rodar, e é necessário ter alguém para liderar essa revolução;

3. **O amante:** Gosta de intimidade, de experiências únicas, quer sempre agradar. Storytelling funciona muito bem com ele, mas precisa ser personalizado. Pergunte muito e concorde muito com ele; tente sempre enaltecer aquilo que ele já fez antes de você chegar;

4. **O criador:** É perfeccionista e gosta do novo, gosta de criar e detesta a mediocridade. Mostre-lhe que, sem ele, seu produto não será nada, que a genialidade não está no produto, e sim em quem vai criar coisas incríveis a partir dele;

5. **O tolo ou bobo da corte:** É alegre e adora fazer piadas, porém tem medo de chatear os outros. Gosta de ser o centro das atenções. Eleve seu ritmo de fala para negociar com ele, fale mais rapidamente, se curve para ouvi-lo, divirta-se com a reunião, use palavrões para dar ênfase as coisas, seja extremo. Além disso, deixe ele ser sempre o centro das atenções; você fará o papel de escada — será como o Dedé, de *Os Trapalhões*.

6. **O sábio:** Estuda muito, mas tem grande dificuldade de colocar em prática; é inteligente e normalmente procura se apoiar em dados, gosta de separar assuntos sérios e brincadeiras. Cuidado para não brincar demais, usar palavrões ou tirar conclusões sem embasamento. Use referências técnicas, sugira literaturas e mostre a ele que seu produto é capaz de pegar os conceitos e transformá-los em prática. Não seja agressivo, pois ele tem muito medo de ser enganado; então, tenha calma;

7. **O mágico:** Faz as coisas acontecerem e é carismático. Busca soluções em que todos saiam ganhando, mas pode se tornar manipulador. Deixe-o pensar que está no comando, se surpreenda com as soluções que ele apresentar, e sempre mostre que você está ali para ganhar junto com ele. A matemática financeira de vendas pode ajudar muito;

8. **O governante:** Gosta de estar no controle, de exercer seu poder. Tem dificuldade de delegar. É o chefe! Cuidado para não bater de frente com ele o tempo todo, procure deixá-lo no comando e mostrar que é ele quem toma as decisões, e que seu produto ou serviço só fará aquilo que ele mandar.

Por fim, meu objetivo com este capítulo é demonstrar que, se conhecer o comportamento humano, você terá muito mais chances de êxito nas suas relações como um todo.

Sugiro-lhe utilizar este tipo de conhecimento apenas no aspecto profissional; caso contrário, a vida vai acabar ficando pesada demais, fazendo com que pense a todo momento, milimetricamente, no que está fazendo — digo isso por experiência própria. Na vida pessoal, na maioria das vezes, o segredo é se entregar e deixar acontecer!

EM SUMA:

NÃO JULGUE OS CONTEXTOS SOCIAIS.
Busque compreender e aprender como se adaptar e se conectar com eles, sem perder a sua própria essência.

APRENDA QUE A ORDEM DE SUAS SENTENÇAS É FUNDAMENTAL
para conduzir os caminhos de seu cliente potencial. Tenha cuidado com a ordem que você usa para apresentar suas ideias.

TENTE COMPREENDER O PERFIL
de quem negociará com você. Este é sempre o primeiro passo para um boa negociação.

APRENDA COMO O CÉREBRO FUNCIONA
e utilize gatilhos para conduzir as pessoas ao longo da jornada de negociação. Gatilhos mentais são fortes armas de persuasão e, quando bem utilizadas, podem auxiliar muito na obtenção do sucesso de sua negociação.

13

ENTENDA QUE CADA MOMENTO DA EMPRESA REQUER UM TIPO DE LÍDER DIFERENTE

ENTENDA QUE CADA MOMENTO DA EMPRESA REQUER UM TIPO DE LÍDER DIFERENTE

Meu avô, João Orosco, depois de anos trabalhando na mesma empresa, chegou a atingir um cargo de liderança na companhia aérea Varig. Já encontrei algumas vezes pessoas que trabalhavam com ele, e elas sempre me dizem que ele era muito bravo no trabalho, que "não mostrava os dentes" nunca. O curioso é que tenho uma lembrança totalmente diferente dele — que, infelizmente, são poucas, pois eu era muito pequeno quando ele partiu. Porém, nas lembranças que tenho, ele estava sempre sorrindo! Então para mim é difícil imaginá-lo bravo.

Muitos líderes ainda pensam que precisam ser pessoas diferentes no trabalho e em seu dia a dia, como acontecia na época do meu avô. A meu ver, isso só distancia você e seus liderados e dificulta o engajamento deles com sua liderança. Na minha opinião, quanto mais verdade você transmitir nas suas falas e nas suas ações, mais fácil as pessoas se conectam com você e, consequentemente, mais fácil é para você liderar.

Penso que o bom líder alinha as expectativas, é solícito para auxiliar nas dificuldades, é transparente e, sobretudo, dá o exemplo. Para mim, uma das coisas mais difíceis de funcionar em um processo de liderança é o tal do "faça o que eu digo, não faça o que eu faço" — e é nisso que os líderes mais pecam hoje em dia. Eles pedem calma aos colaboradores, mas estão sempre estressados; pedem para que não resolvam coisas pessoais no trabalho, mas estão sempre resolvendo suas próprias questões; pedem para chegarem no horário, mas nunca chegam; pedem para todos se ajudarem, mas nunca se dedicam a ajudar ninguém. Cuidar da imagem e ser exemplo é fundamental para ser um bom líder. As pessoas tendem a seguir quem admiram.

Entretanto, tenha cuidado! Ninguém realmente admira a perfeição, pois ela parece irreal. Então, seja admirável por ser uma pessoa de verdade. Um bom líder tem falhas, como todas as outras pessoas, tem medos, como todas as outras pessoas, mas, sobretudo, está sempre em busca de evoluir e transmite à equipe a certeza de estar seguro em suas decisões, porém aberto para ouvir qualquer discordância. Na minha opinião, quanto mais humano parecer, mais as pessoas se conectarão com você e mais fácil será liderá-las.

No início da Exact, para mim, era particularmente simples liderar. Eu podia estar muito próximo de todos, pois havia poucas pessoas. Então, ainda conseguia conversar individualmente, sabia o nome de todos da empresa e conhecia suas famílias. Nesta época, todos conheciam minha história de vida; muitos ali tinham me acompanhado desde a Dois Pra Um ou a Welle, conheciam minha forma de liderar e gostavam dela.

Para iniciar a empresa, busquei me cercar de pessoas que já tinham trabalhado comigo ou me conheciam de alguma maneira e gostavam da minha forma de liderar; isso facilitou muito. O Felipe fez o mesmo na equipe dele, a de desenvolvimento. Inclusive, conversando com alguns empreendedores de sucesso, vejo que esse tipo de estratégia é bastante comum no início das empresas, quando elas estão em formação e há pouca margem para erro.

Tínhamos uma outra facilidade para eu liderar as pessoas novas. Na época, vendíamos a minha própria história! A apresentação de vendas era um storytelling praticamente sobre mim, já que não tínhamos produto. Assim, como a maioria das novas pessoas que entravam na empresa era do setor de vendas, todas conheciam e estavam todo dia defendendo minha história; isso, obviamente, facilitava muito a liderança, já que essas pessoas passavam a ter uma admiração por mim. Ter a admiração dos liderados torna tudo mais fácil!

Por fim, neste início, definimos a proximidade como chave para o crescimento da Exact. Fazíamos muitas festas com os colaboradores, jogávamos jogos nos intervalos com eles, almoçávamos todos juntos, bebíamos com eles antes de ir embora no fim do dia e assim por diante. Isso fazia com que eles nos enxergassem como seres humanos, como colegas de trabalho, não como caras distantes — como "chefes", no sentido ruim da palavra. Consequentemente, isso evitou por muito tempo a desastrosa "rádio peão", que tem o dom de distorcer as coisas e dificultar a comunicação resolutiva da empresa.

Rapidamente a Exact cresceu muito, e em paralelo a isso minhas tarefas passaram a ser não só dentro da empresa; eu precisava viajar pelo menos uma vez por semana, por exemplo. Obviamente, isso dificultava muito a forma como eu costumava liderar, com proximidade. Eu não conseguia mais fazer parte dos jogos, raramente tomava cerveja com o pessoal... Naturalmente, fui me distanciando das pessoas.

Começamos a notar isso e buscar estratégias para tentar nos reaproximarmos das pessoas. Tentamos desde a criação do Exact Day — no qual abrimos os números da empresa para os colaboradores, ação que vigora até hoje — até estratégias de café com os *founders* e coisas do tipo. Algumas funcionaram bem, outras só nos distanciavam mais ainda e nos colocavam em um patamar inacessível que, a princípio, queríamos evitar.

A verdade é que não tínhamos entendido que estava na hora de mudar. Não era possível nem viável manter a mesma proximidade de antes; era necessário criar um distanciamento mínimo. Afinal, era humanamente impossível sermos realmente próximos de cem pessoas e, ainda, tocar as novas atividades que tínhamos que aprender em tempo recorde, sendo que não podíamos deixar as pessoas órfãs.

Então, um dia, conhecemos um mentor que nos ajudou muito; não lembro quem nos aproximou dele, mas foi muito importante para nós. O nome dele era Pompeo Scola (um cara muito experiente quando o assunto é liderança e gestão de pessoas), e tivemos duas longas conversas com ele (na maioria das vezes, se você estiver atento, em uma conversa você consegue clarear coisas que talvez não clareasse em anos de consultoria).

Lembro-me muito bem de um ponto que ele indicou e que me fez despertar sobre em que ponto estávamos errando. Ele disse que eu e o Felipe, para o pessoal da nossa equipe, éramos os caras do cavalo branco, que tínhamos conseguido por mérito próprio que, no início, todos acreditassem em nós e nos seguissem fielmente. Porém o exército havia crescido e nossa voz já não conseguia chegar a todos; além disso, estávamos frequentemente na batalha e nem sempre conseguíamos parar e ajudar a todos, então precisávamos fazer com que nosso exército ouvisse outros líderes, em vez de buscar formas de fazer a nossa voz chegar a todos. Precisávamos sair um pouco de cena e dar espaço para os novos cavaleiros de cavalo branco falarem com o time e, então, focarmos falar com eles em específico.

Na época, já tínhamos ótimas lideranças dentro da equipe, mas comecei a revisar meu comportamento para ver o quanto eu as vendia para o time — o quanto a admiração que o time tinha por mim era transferida para elas. Percebi que pequenas coisas poderiam ajudar muito. Por exemplo, não seria mais eu que apresentaria os novos processos ou as novas ideias, e sim o líder (se eu tivesse uma nova ideia, deveria vendê-la para o líder e deixá-lo vendê-la para o time dele). Além disso, eu precisava apresentar a história desses líderes para o time deles e sempre enaltecê-los (eles precisavam conhecer melhor seus líderes, ver que eram grandes realizadores e que chegaram ali por mérito, afinal, esta era a mais pura verdade). Ainda, eu não podia mais alinhar as coisas diretamente com o time operacional (precisávamos criar uma espécie de barreira, pois, se eu alinhasse diretamente, tiraria toda a autoridade do líder e dificultaria o andamento de seus projetos, já que meu direcionamento não seria necessariamente igual ao dele).

Esse foi um período muito difícil para mim particularmente, devido a três motivos principais: primeiramente, eu tive que lidar com meu ego. É difícil abrir mão de ser o salvador da pátria — nas festas de fim de ano, as pessoas me agradeciam, chorando, por eu ter mudado a vida delas; agora, elas iam agradecer chorando aos seus líderes (demorei para entender o quanto isso era um sucesso do meu próprio trabalho). Em segundo lugar, alguns colaboradores que estavam acostumados a vir diretamente em mim para resolver algumas coisas, a ter acesso irrestrito, a serem muito próximos, começaram a reclamar muito de terem perdido isso (a maioria deles não faz mais parte da Exact, pois não conseguiram se adaptar). Por fim, eu me sentia um pouco desnecessário para a empresa; parecia que ela não precisava mais de mim para funcionar e que eu não estava sendo produtivo (eu estava em projetos estratégicos, nos quais o impacto é menos imediato e menos quantificável do que na esfera operacional e até mesmo tática). Com o tempo, entendi que a empresa não depender mais de mim era fruto de um ótimo trabalho que estava fazendo no papel de líder.

Quando eu era bem novinho, minha mãe era diretora de um colégio estadual na praia da Barra da Lagoa, em Florianópolis. Ela era fenomenal à frente do colégio, e toda a comunidade a amava! Um dia, ela disse a alguém que ficava insegura quando não ia trabalhar e tudo funcionava bem mesmo sem ela. Lembro que a resposta que a pessoa deu a ela foi que a maior prova de que o trabalho dela estava sendo bem feito era justamente essa! Naquele momento da minha jornada na Exact, me lembrei muito disso — engraçado que não lembro quem falou isso a ela, mas não me esqueci das palavras; alguns aprendizados marcam muito quando estamos atentos. Aliás, não sei nem se minha mãe sabe que eu me lembro disso!

Esse movimento de passar adiante o posto de "homens do cavalo branco" deu muito certo. As pessoas que destacamos se tornaram os caras do cavalo branco e, mais legal ainda, passaram a formar novos caras de cavalo branco em suas equipes — isso virou uma cultura dentro da Exact. Hoje, alinho a estratégia da empresa com quatro pessoas que ocupam cargos de diretoria e que fazem parte, na medida do possível, inclusive da formulação da estratégia. (Na realidade, uma das quatro pessoas é o Felipe, que sempre está ao meu lado em toda formulação e aprovação de estratégias. Realmente, acredito que formamos uma bela dupla, devido à complementaridade de perfis. Falei disso no Capítulo 5, lembra-se disso?) Então, junto com cada um destes líderes, traço planos táticos e operacionais a fim de atingir os anseios estratégicos da companhia, desmembrados para as áreas deles. Posteriormente, acompanho o andamento destes planos junto a eles, dando apoio quando necessário.

Estes três diretores — de negócios, de relacionamento com clientes e administrativo financeiro —, somados a outras duas pessoas que ocupam cargos estratégicos dentro da Exact — o gerente de pré-vendas e a responsável por projetos estratégicos e relacionamento com investidores —, no nosso entendimento, formam um time estrategicamente fundamental para nossa empresa no longo prazo. Sendo assim, em um determinado momento, entendemos que precisávamos ter a segurança de tê-los ainda mais fechados com a Exact no longo prazo, motivados para enfrentar os desafios do crescimento rápido e pensando de maneira ainda mais holística. Então, fomos ao nosso conselho e fizemos uma proposta para destinar parte das ações da empresa para este grupo, tornando-os sócios da Exact.

Claro, não foi algo fácil. Até porque nossa proposta não tirava ações dos executivos (eu e o Felipe), somente dos investidores. Porém ações são bens cujo valor varia de acordo com o desempenho da companhia; então, nos concentramos em mostrar que poderíamos crescer de maneira ainda mais segura e veloz se tivéssemos essas pessoas como sócias da empresa (e nos concentramos em provar isso para eles). Por fim, conseguimos a aprovação e destinamos aos diretores uma fatia relativamente grande da companhia, atrelada a um período de *vesting* (ou seja, um tempo que eles deveriam permanecer na companhia para integralizar as ações). Lembre-se de quando falei da importância de ter fundos realmente profissionais ao seu lado! Dificilmente conseguiríamos algo assim com investidores despreparados para lidar com startups.

A ação deu tão certo que em nossa última rodada de investimento já reservamos uma parte considerável de ações para intensificar novos movimentos de *stock option*. Individualmente, não distribuiremos nem perto do que foi distribuído no primeiro movimento, mas o montante total é ainda maior. E é claro que, na próxima vez, este plano será construído de maneira mais elaborada, atrelando a obtenção de ações não só ao período de permanência, mas ao atingimento de metas claras, objetivas e ousadas.

Hoje, um dos meus principais papéis é desenvolver estes líderes e fazê-los se apaixonar cada vez mais pela empresa; é trazê-los para uma visão do todo e fazê-los enxergar que as áreas dependem umas das outras para funcionar, que às vezes abrimos mão de algo em uma área para que a empresa funcione como um todo. E eles precisam desenvolver esse pensamento de dono.

Tudo isso tem dado muito certo, mas não quer dizer que o caminho com os novos caras do cavalo branco foram só flores; muito pelo contrário. Passamos por diversos desafios bastante complexos. Perdemos cultura e fizemos diversas ações para recuperá-la; em consequência disso, tivemos uma "rádio peão" que ficou muito forte em determinado momento da empresa (escoando problemas para os lados, em vez de direcioná-los para quem era capaz de resolvê-los).

Mas temos melhorado neste quesito, com as ações de resgate da cultura; tivemos equipe inteiras que foram demitidas de uma só vez porque o líder da equipe (esfera de gerência) tinha direcionado algo totalmente na contramão do que acreditávamos, e não estávamos conseguindo recuperar as pessoas, além de termos pouco tempo para isso. Enfrentamos problemas de ego frequentemente, o que resulta em problemas entre equipes; nesse sentido, temos trabalhado muito na comunicação entre os líderes e nos SLAs (termos de acordo entre as áreas).

Enfim, problemas não faltam e isso faz parte. Entretanto, enfrentamos todos eles juntos e dispostos a nos transformar como líderes. Assim, fica muito mais fácil. Neste sentido, tenho aprendido a me transformar como líder ao longo da jornada da Exact. Costumo dizer sempre que estou em constante aprendizado e que nunca fui CEO de uma empresa tão grande quanto a Exact está neste momento.

Quando digo isso, muitos podem acreditar que uma fala assim pode ser uma demonstração de fraqueza para a equipe, mas é justamente o contrário. Eu falo isso para mostrar que não estamos parados, achando que sabemos tudo, como costumam ficar alguns "líderes". Na Exact, estaremos sempre aprendendo a ser líderes de uma empresa que se transforma todos os dias, e o caminho fica muito mais fácil se aprendermos juntos. Por isso, se nos apoiarmos, com certeza, nos fortaleceremos.

O último grande desafio de nosso time de líderes foi enfrentar uma crise enorme (resultado da Covid-19) e migrar uma empresa que sempre foi muito acostumada com a proximidade física para o modelo 100% home office da noite para o dia — mas vou deixar para contar isso quando falar de resiliência, no Capítulo 15.

EM SUMA:

O BOM LÍDER ALINHA AS EXPECTATIVAS,
se coloca disponível para auxiliar nas dificuldades, é transparente sempre e, sobretudo, dá o exemplo.

VOCÊ NÃO PRECISA SER PERFEITO
para ser um bom líder; não precisa se colocar em um pedestal inalcançável, como muitos fazem. É preciso ser humano. Não tenha vergonha de se expor e tente se conectar com as pessoas.

NO INÍCIO, LEVE PESSOAS QUE JÁ CONHEÇAM SUA FORMA DE TRABALHAR.
Isso o fará pular etapas.

FOQUE O DESENVOLVIMENTO DE LIDERANÇAS.
Traga os líderes para o centro da empresa, de modo a terem um verdadeiro sentimento de dono. Apaixone-os pela empresa! Assim, eles não só entregarão mais, como desenvolverão novos líderes e garantirão o crescimento saudável.

14

CULTIVE RELACIONAMENTOS E PRESERVE SUA IMAGEM

CULTIVE RELACIONAMENTOS E PRESERVE SUA IMAGEM

Neste capítulo, falaremos sobre a importância de cultivar relacionamentos e preservar sua imagem. Acredito muito que o seu nome é o seu maior ativo, e isso vale tanto para os negócios como para qualquer tipo de relacionamento — me refiro a seu nome como um conceito mais amplo, atrelado aos conceitos que permeiam sua imagem. Também acredito que colhemos aquilo que plantamos, então é fundamental fazer um bom plantio, para colher bons frutos.

Não sou o tipo de pessoa que vive a vida pensando no que os outros vão pensar de mim, mas acredito fielmente que suas atitudes geram interpretações que abrem ou fecham portas o tempo inteiro. De forma simples, se uma pessoa encontrá-lo sempre descansando, por exemplo, por mais que isso seja uma coincidência, há uma grande chance de você ser encarado por ela como alguém que está sempre descansando e que não gosta de trabalhar.

Nos negócios, isso é ainda mais forte; então, se você for inteligente e usar isso a seu favor, pode colher excelentes frutos. Lembro-me da primeira vez que fui convidado para ir em um evento da Associação dos Dirigentes de Marketing e Vendas em Santa Catarina (ADVB/SC).

Eu sabia que todos usariam terno, pois isso estava convencionado de maneira implícita, já que a ADVB/SC era composta de um pessoal mais "tradicional". Eles estavam curiosos com o que a nova geração tinha de diferente para falar, até em razão dos ótimos resultados que essa geração vinha obtendo em Santa Catarina, e por isso me convidaram. Eu sabia que seria um ambiente novo para mim, diferente do que estou acostumado em termos de formalidade.

Eu poderia vestir um terno e me adequar à situação tranquilamente. Porém, neste caso, eu transmitiria a imagem de querer entrar no universo deles e ser apenas mais um, quando o objetivo deles ao me convidar era entender o meu universo (ao menos, era esta a minha interpretação daquele convite).

Então, fui ao evento com a roupa que sempre uso no trabalho: tênis, calça jeans e camisa social. Lembro que a Isabel (minha esposa) até me criticou por causa da roupa, e expliquei a ela que era proposital. Praticamente não falei nada no evento, pois fiquei um pouco deslocado. Porém, pouco tempo depois, recebi uma ligação do Delton Batista, que estava assumindo o posto de presidente da nova gestão, me convidando para ser o diretor de novas tecnologias da instituição — percebeu o nome da diretoria? Novas tecnologias.

A ADVB/SC é a mais respeitada organização de dirigentes de vendas do Brasil, na qual estão envolvidos os maiores empreendedores e dirigentes de marketing e vendas da atualidade. O Delton Batista, que estava me convidando, além de ser extremamente experiente no universo de vendas, era nosso cliente pela NSC (filial da rede Globo de televisão); tratava-se de um cara com um pensamento muito sinérgico ao meu em termos de conceitos de venda, que sempre defendeu olharmos para as vendas de forma estratégica. Claro que topei o convite!

Neste momento, eu precisava sustentar a imagem criada, pois ninguém vive só de imagem. Então, fui extremamente crítico e objetivo desde o início, em todas as reuniões, quando todos eram bastante políticos e polidos nas falas (para mim, era fácil, já que sempre foi a minha forma preferida de agir).

Em uma reunião, foi apresentada a nova campanha televisiva da instituição para aquele ano. Enquanto todos diziam quão maravilhosa tinha ficado, eu levantei o dedo e disse educadamente, mas ainda de forma direta, que não tinha gostado (realmente não tinha, assim como vários que estavam calados por estarem sendo políticos). Argumentei bastante a favor da mudança de postura que queríamos para a instituição (de aproximá-la mais dos dirigentes de fato, e não só dos empreendedores) e como isso teria que se refletir na campanha. Queria ver algo menos distante, mais integrado com uma jornada e menos com o resultado final dela.

Além disso, sugeri ao Delton, ainda nesta linha de proximidade com os dirigentes, que criássemos um prêmio para valorizar o dirigente de marketing e vendas, já que o único prêmio que tínhamos que valorizava pessoas individualmente era o de personalidade de vendas, que historicamente premiava empreendedores e presidentes de empresas. Esta foi a fagulha para a criação do Prêmio Antunes Severo, que premia profissionais de destaque em marketing e vendas.

Pois bem, na gestão seguinte, a Angela Gonçalves, uma empreendedora genial que era vice-presidente na gestão do Delton e que adora inovação, me chamou para ser vice-presidente, quando ela assumiria a presidência da próxima gestão da ADVB.

Mesmo preocupado com o tempo que teria que me dedicar, topei, pois além de gostar muito da pessoa que estava assumindo a presidência, uma mulher muito forte (que por si só já representava uma mudança), a Angela ainda topava assumir minhas ideias loucas de virar tudo de cabeça para baixo e de aproximar a ADVB/SC dos dirigentes de marketing e vendas de fato!

Desde o início, tenho sido muito ouvido pela Angela nesta nova gestão, e formamos um time muito bacana com os demais vice-presidentes e alguns dos outros diretores. Fizemos reuniões que foram fundamentais para construir premissas antes mesmo de formarmos a diretoria em si e assumirmos a gestão, envolvendo pessoas que foram muito importantes neste processo pré-oficialização.

Foram reuniões em que conseguimos atingir ideias práticas para aproximar a ADVB/SC dos dirigentes de marketing e vendas — finalmente. As ideias que estão sendo colocadas em prática nestes primeiros meses, agora com a ajuda do time de excelentes diretores, vão desde transformar a ADVB jovem em uma ADVB mais voltada para o ambiente acadêmico (como uma categoria de base), passando por retomarmos os encontros de troca de experiências entre os associados (usando a base de pessoas influentes da ADVB como chamariz), até o ponto de criarmos cursos e conteúdos da instituição para comercializarmos, gerando receita e educando o mercado (para defender essa ideia, usei a Academia Exact como exemplo).

Diretoria Executiva ADVB 2020 — Theo Orosco, Angela Gonçalves, Ronaldo Koerich e José Gonçalves Junior.

Moral da história: planejei minha entrada na ADVB para eu representar a novidade desde o primeiro contato, e é assim que sou visto lá dentro. Porém é preciso estar atento, pois não basta parecer.

Outro âmbito no qual colhi os frutos por cuidar da minha imagem foi na faculdade. Quando estava na faculdade, sempre tentei cultivar minha imagem como a de alguém capaz de olhar para o processo de ponta a ponta, e gerar resultado a partir disso (já que fazia Administração e Design de Produtos). Sempre me posicionava, tentava trazer o aprendizado de uma faculdade para outra, e isso fazia com que eu me destacasse muito, em ambas as faculdades — mesmo não sendo um bom desenhista, me destacava no design, por exemplo (algo que, para muitos que não entendiam o que é design industrial, inclusive eu e alguns dos professores, parecia fundamental).

O que aconteceu foi que esta imagem me gerou o convite para cofundar a Dois Pra Um Design, minha primeira empresa. Quando estava na última etapa da faculdade, um grupo de designers (entre os quais estava um dos meus colegas de turma do curso de Design, hoje um designer genial, chamado Rodrigo Krieger), que estava saindo de uma empresa chamada TipoD para montar sua própria empresa, entendeu que precisava de alguém com competência mais ampla, além do design. Por eu ter cultivado minha imagem neste sentido durante a faculdade, este meu colega falou com os demais e me convidou para cofundar a empresa.

Eu não sabia que isso aconteceria quando cultivava esta imagem (o fim não foi proposital, mas o futuro é imprevisível). Mesmo sem saber o final exatamente, sempre tive a preocupação de me posicionar desta maneira, pois este era meu objetivo e meu diferencial: trabalhar com o design de maneira mais ampla — e, se me vissem assim, eu teria mais chance.

Inclusive, quando decidi fazer as duas faculdades (Administração e Design de Produtos), eu já tinha esse objetivo e essa ambição de olhar o design de produtos de maneira mais ampla, pensando profundamente em aspectos mais relacionados à administração, marketing e processos, somados ao desenvolvimento do produto. Porém não bastava adquirir tais competências e não mostrá-las no dia a dia.

Também na época de faculdade conheci 4 dos 5 colaboradores-chave da Exact que hoje receberam ações da empresa (alguns mais intimamente, outros de forma mais distante). Quando os contratei, basicamente, estava buscando a imagem que eles transmitiram durante a faculdade — felizmente, no caso deles, o "parecer" e o "ser" estavam alinhados. Contratei três deles ainda na Dois Pra Um. Ou seja, eles colheram os frutos da imagem que plantaram ainda nos tempos de faculdade (muitas vezes, sem saber que estavam fazendo isso).

Conheci meu sócio, Felipe Roman, no ensino fundamental, e desde então ele se destacava por ser muito habilidoso com computadores — inclusive, consertando o meu quando dava problema. Quando precisei chamar alguém para cuidar da parte técnica da Exact e ser meu sócio, até pedi indicações de nomes para algumas pessoas, fiz uma lista, mas quando veio o nome dele a imagem já estava formada na minha cabeça! Ele era o cara que mais entendia de tecnologia, e era ele que eu queria.

Em relação a imagem, podemos somar, ainda, a força do respeito, mesmo nas situações adversas. Você sempre pode se posicionar de maneira educada, sem deixar de enfatizar seu posicionamento. Acredito que isso pode abrir muitas portas.

Uma vez, um dos melhores vendedores que já conheci e com quem tenho a felicidade de trabalhar na Exact, foi apontado como um dos melhores vendedores do Brasil em uma premiação (tenho orgulho de a Exact formar e ter os melhores vendedores e vendedoras que conheço, 100% alinhados com nossos processos e forma de vender). Ele fez uma publicação em suas mídias comemorando esse fato e um "quase cliente", com quem ele havia passado por um processo de vendas, mas não havia fechado, comentou algo mais ou menos assim:

> "Quase comprei deste vendedor, porém, felizmente, consegui ver que estaria fazendo besteira antes de fechar a compra e acabei optando por outra empresa. É triste ver bons vendedores vendendo enganações."

Li isso e fiquei bastante preocupado. Perguntei ao Munife, o vendedor, o que havia acontecido, e ele me explicou que a esposa do "quase cliente" havia encontrado uma reclamação em um site e desistido da compra. Mesmo indignado com a atitude do "quase cliente" de fazer um comentário de forma tão irresponsável e pouco vinculada à realidade, já que ele nem havia usado nosso produto, respirei fundo e o respondi de maneira educada:

> "Olá, amigo, gostaria de entender como você chegou à conclusão de que a Exact vende uma enganação, a ponto de afirmar isso em um meio público, afinal, você nunca foi nosso cliente. Digo isso pois fiquei surpreso, já que hoje, além de sermos a maior empresa de nosso setor no Brasil, temos diversos casos de sucesso gravados com nossos clientes. Para ter uma ideia, são mais de 10 mil usuários e apenas duas reclamações na rede. Se você procurar, ainda encontrará mais de 50 depoimentos de casos de sucesso disponíveis publicamente, ou seja, para cada reclamação você encontrará 25 depoimentos, pelo menos. Desejo a você sorte com a ferramenta que optou, mas realmente gostaria de entender o que te levou a esta conclusão, para tentar aprender e evoluir com a situação."

Não devemos ter medo de usar nossas conquistas para contra-argumentar. Precisamos apenas usá-las de forma respeitosa e utilizando os dados como apoio ao argumento. Um posicionamento duro, porém educado, não é um problema. Você tem que acreditar e defender suas convicções se elas estiverem bem fundamentadas.

Posteriormente, o "quase cliente" veio conversar comigo por mensagem privada, pediu desculpas, além de pedir para retirarmos a conversa das mídias. Foi exatamente o que fiz, e acabamos a conversa de uma maneira muito positiva.

Cerca de um ano depois, ele me ligou dizendo que o software que ele havia comprado não estava rodando bem, e perguntando se poderíamos retomar o processo de compra dele com a Exact.

O que quero dizer com isso? Sempre preserve sua imagem, mas nunca deixe de se posicionar educadamente para defender seus pontos de vista. Muita gente, por medo de ferir a imagem, acaba se omitindo; entretanto, o posicionamento sincero e educado é sempre a melhor escolha. A omissão, inclusive, também vai contar para a construção da sua imagem — e, normalmente, ela vai falar negativamente a seu respeito.

Para mim, a educação é sempre a melhor alternativa. Falar alto ou usar da força para conseguir qualquer coisa talvez o leve a alcançar seu objetivo hoje, mas nunca sustentará sua imagem para conquistas no longo prazo (e nunca o tornará um bom líder). Com bons relacionamentos, fui capaz de atrair as melhores pessoas para perto de mim e fazê-las acreditar no que estou propondo! Talvez esta seja minha maior virtude nos negócios.

Além disso, a boa educação sempre me abriu muitas portas. Educação gera conexões, e estas movem o mundo! Vou contar rapidinho como consegui ter o Fábio Porchat como convidado deste livro.

No dia 10 de março de 2020, fui a São Paulo dar uma palestra no palco principal do evento Skyone. Estava animado, pois minha palestra seria logo após a do Aaron Ross (autor do livro *Receita Previsível: Como implantar a metodologia revolucionária de vendas outbound que pode triplicar os resultados da sua empresa* e um cara que respeito muito). A palestra foi um sucesso (com um feedback fantástico) e, de quebra, o Aaron assistiu na primeira fila!

Na ocasião, o Wilson foi contratado para fazer meu transporte. Nós nos conhecemos e fomos conversando do aeroporto até o evento, e ele era um cara fantástico. No dia do evento, fui entrevistar o Marcus (do IBC) e, no dia seguinte, o Piangers, ambos para este livro.

Na volta, fui contando ao Wilson sobre o projeto deste livro, que tem a intenção de abordar questões técnicas, mas de maneira leve, por meio de histórias reais. Falei que tinha me inspirado em muitas coisas para chegar neste formato e, inclusive, no novo programa do Fábio Porchat chamado "Que História É Essa, Porchat?". Disse-lhe que queria a leveza dos casos reais e a minúcia das pequenas situações, que achava esta uma forma muito atrativa de se comunicar.

Para minha surpresa, o Wilson era um grande amigo do Fábio — trabalha com ele há anos. Sem eu pedir, ele disse que tentaria fazer a ponte para ele dar uma entrevista para meu livro.

Tempos depois, o Wilson me falou que o Porchat participaria do projeto do livro e me passou o contato da assessoria de imprensa dele. Depois, veio a Covid-19 e não conseguimos gravar na ocasião — espero que até o lançamento do livro tenhamos conseguido e o Fábio ainda consiga participar.

Minha intenção aqui é demonstrar a importância de ser sempre educado com todos. Aprendi muito com cada um que passou pela minha vida, por menor que tenha sido a interação. Aprendi com cada motorista de Uber com quem conversei, com cada atendente de telemarketing com quem falei. Nunca menospreze as pessoas; elas têm muito a ensinar e, quem sabe, muitas coisas boas e inesperadas para lhe proporcionar.

EM SUMA:

NA MEDIDA DO POSSÍVEL,
busque sempre cultivar sua imagem. Você nunca sabe quem poderá ser seu sócio, cliente e/ou investidor no futuro.

Lembre-se de que a tríade entre ser, parecer e aparecer deve sempre estar completa, com os três elementos juntos, a fim de manter uma imagem sólida.

NUNCA DEIXE DE SE POSICIONAR.
Mesmo que duro, um posicionamento educado é sempre melhor do que a omissão.

Lembre-se de que a educação pode abrir muitas portas, e que as pessoas podem ensiná-lo muito mais do que você imagina. Aproveite as oportunidades de interação com diferentes pessoas.

15

APRENDA A CAIR E LEVANTAR

(Diário de um Empreendedor em Meio à Covid-19)

APRENDA A CAIR E LEVANTAR

Resiliência, na física, é a propriedade que alguns corpos apresentam de retornar à forma original após terem sido submetidos a uma deformação elástica. No âmbito do empreendedorismo, é a sua capacidade de voltar ao normal após tomar uma porrada do mercado!

Há vários casos de resiliência ao longo da minha trajetória, assim como na trajetória da grande maioria dos empreendedores — você verá as empresas saírem de uma pequena sala para uma grande empresa sem derramar muita lágrima e muito suor só em palestras e em filmes. Alguns poucos casos foram mais marcantes, outros, por estar no piloto automático, só fui perceber anos depois.

A jornada do empreendedor é assim. Temos que nos acostumar com o fato de, no mesmo dia que achamos que vamos enriquecer com nossa empresa, descobrirmos que talvez ela não tenha mais muitos meses de vida; temos que nos acostumar com um colaborador nos emocionando com um agradecimento lindo e, no mesmo dia, outro nos chamando de burguês explorador do proletariado. Tudo isso faz parte!

O grande ponto é nossa capacidade de respirar fundo, vestir a máscara do empreendedor e tomar as decisões mais difíceis de maneira consciente, demonstrando muita segurança; o nome disso é senioridade, e leva um tempo para você conseguir fazer de maneira automática.

A verdade é que já chorei algumas vezes no banho após algumas situações; já tive vontade de jogar tudo para o alto e fugir para algum lugar qualquer. Acho que todo empreendedor já sentiu isso, mas poucos vão lhe contar essa parte da história, e isso é muito ruim. Afinal, quando você sente isso, se acha fraco, se considera um mau empreendedor, quando, na verdade, isso não importa muito. Importa, sim, o que você vai fazer a partir disso.

Empreender é o caminho mais difícil que você pode escolher; muitas pessoas — muitas famílias — dependem de suas decisões! Isso passa pela minha cabeça o tempo todo. Sou um cara bastante coração e acabo me tornando amigo dos colaboradores na grande maioria das vezes; então, algumas decisões são muito complicadas para mim. Mas, aos poucos, fui aprendendo a separar as coisas.

> **PARA ENCERRAR ESTA NOSSA CONVERSA COM CHAVE DE OURO,** vou compartilhar duas situações bem diferentes que me exigiram muita resiliência, buscando ser o mais transparente possível com os sentimentos que tive em cada um destes momentos. A segunda situação, na realidade, é a que estou vivendo enquanto escrevo este capítulo, então será quase um diário de bordo! Ela vai contar como foi/está sendo passar pela Covid-19 com a Exact.

A primeira situação está relacionada à expectativa que você cria sobre as pessoas, e como temos que separar as coisas e entender que amizade e negócios podem coexistir, mas não podem ser base para tomadas de decisão ou para ter segurança sobre algo. Assim como temos que entender que cada um tem suas verdades e que não existe uma verdade absoluta.

Eu me lembro do dia em que um menino chegou na Exact para fazer uma entrevista para o cargo de vendedor. Ele não tinha curso superior nem experiências suficientes que o credenciassem para o cargo, mas estávamos buscando perfil naquele momento! Fui conversar com ele, pois, se não me engano, o Eduardo Martins, atual diretor de negócios da Exact, me disse que tinha achado o perfil do menino sensacional. Na época, eu entrevistava todos os contratados da Exact e fiz isso por um bom tempo; acredito que isso é muito importante no início da empresa.

Logo que cheguei na sala de reunião onde ele estava, vi um moleque de cabelo grande que parecia o Cazuza e achei meio estranho, mas eu mesmo tinha um cabelo que parecia o do Zacarias e era um meninão também, então, "tamo junto"!

Conversei com o menino e realmente me encantei. A história de vida dele era muito legal, ele era carismático, extrovertido, muito ligeiro, aparentemente muito inteligente e dedicado. Tentamos contratá-lo!

Lembro que ele quase não topou, pois receberia mais dinheiro, inicialmente, sendo garçom, e ele precisava da grana. Tivemos que mostrar-lhe que ele poderia chegar muito mais longe se estivesse conosco e que aquela proposta era só o salário inicial.

Então, ele topou!

Na Exact, ele se tornou uma das pessoas que faziam a alegria da empresa! Sempre muito engraçado, com um jeito muito particular. Ficou amigo de todos e foi muito inteligente para crescer na empresa e aprender com ela. Ele se dedicou muito! Estudou bastante, colou nas lideranças da equipe e da empresa como um todo e evoluiu muito rapidamente.

Em pouco tempo, ele era um dos melhores vendedores da Exact!

A trajetória dele dentro da empresa era um orgulho para mim. Nós choramos juntos quando ele veio me falar, em uma festa de final de ano, que não tinha diploma de ensino superior para a mãe dele colar na geladeira, mas tinha o contracheque gordo, que com certeza dava muito orgulho para ela. Era nítido que ele estava vivendo algo muito além do que havia imaginado em termos de progressão de carreira. Era nítido que ele era muito grato e fechado com a empresa.

Acontece que, nesta época, eu estava viajando o Brasil todo dando palestras. Estava muito cansado com essa rotina de aeroporto, hotel, local do evento, hotel, aeroporto. Brinco que conhecia o Brasil inteiro, mas só os aeroportos e hotéis. Os horários eram superapertados, eu dormia fora de casa, via pouco a família e tinha que fazer as outras coisas da empresa correndo enquanto esperava o avião, por exemplo.

Enfim, eu estava no meu limite.

Então, tive uma grande ideia — colocar este "menino" para palestrar no meu lugar. Eu ensinaria minha palestra para ele. Ele era muito inteligente para aprender e até evoluir a palestra; inclusive, ele era muito mais carismático do que eu, na minha opinião. Tinha a mesma energia jovial que eu passava, então, tinha uma grande chance de dar certo.

Além disso, eu construiria o nome dele vinculando-o ao meu, para ganhar força e ele ser convidado para os eventos, por exemplo. Então, quando me pediam para palestrar, eu colocava como condição convidá--lo também; quando me pediam mentoria, eu fazia o mesmo.

Minha única preocupação era o assédio que ele teria de outras empresas. Havíamos desenvolvido ele aqui, e eu não queria correr o risco de perder um talento. Tinha grandes planos para ele, mas tudo tinha sua hora! Precisava que ele desenvolvesse habilidades para ir galgando o caminho que tínhamos planejado.

Decidi que eu ia contar com a gratidão dele para não aceitar as propostas que viriam, e ia fazer isso rodar! Fiz a proposta para ele, com aumento salarial, e apalavramos que ele não aceitaria outras propostas pelo menos durante o primeiro ano.

Treinei-o com o conteúdo da apresentação; indiquei caras para ele observar palestrando e aprender a oratória; coloquei-o para sentar ao meu lado e ouvir as mentorias que eu dava; treinei-o para dar mentorias; consegui colocá-lo para palestrar e mentorar nos maiores locais do Brasil; fiz um "dia de princesa", uma verdadeira transformação, na apresentação do currículo dele.

Foi golaço! As coisas estavam indo bem.

Ele viajou muito depois disso. Lembro-me de uma viagem em que fomos palestrar juntos em Gramado-RS e meu amigo querido Marcos Piangers estava palestrando na cidade sobre família, paternidade e coisas afins. Eu sabia da história de vida dele e o convidei para ir comigo assistir à palestra do Marcos. Choramos juntos e no fim fomos beber com o Marcos, que o conheceu e adorou a história dele, e até autografou um livro para a mãe dele.

É claro que ele também começou a ficar cansado da rotina, afinal, ela é dura mesmo. E estávamos frequentemente tentando ajustar o número de vendas nos eventos, pois a conversão havia caído, então, havia uma cobrança neste sentido. Dei a ele uma equipe, para que começasse a treinar suas habilidades de gestão e liderança; tratava-se da equipe de eventos "Acerte em Cheio" — nosso evento próprio, em que ele palestrava em incubadoras e centros empresariais de todo Brasil. Inicialmente, era uma liderança não oficializada, mas já estavam na mesa, abertamente para ele, os planos de oficializá-la assim que ele ganhasse a equipe.

Cerca de seis meses depois de tudo isso, outro colaborador muito importante para a história das vendas da Exact veio me dizer que iria sair da empresa. Ele ocupava o cargo de gerente de vendas, mas, naquela época, esse cargo era o de um vendedor que tinha um papel de liderança. Nossa forma de pensar, minha e deste colaborador em questão, já não era tão sinérgica quanto antes, e eu pensava em uma liderança diferente para equipe, então não dava tanto espaço de crescimento para ele. Além disso, seus resultados em termos de vendas haviam caído muito.

Entretanto, ele era muito presente para a equipe e para a empresa como um todo. Uma grande figura! Havia sido muito importante no início da Exact e no crescimento da empresa, e era um amigo de verdade. Foi muito difícil aceitar a saída dele, e nosso maior medo era a equipe sentir muito também e isso se refletir em termos de motivação e de clima.

Ele deu algumas razões que não tinham relação direta com o trabalho, mas eu tenho convicção de que o grande motivo foi que ele entendeu que a empresa já não era mais o que ele tinha sonhado. Ela cresceu e acabou mudando muito para se adaptar a cada nova realidade, e ele ainda a queria como era no início, na minha opinião. Provavelmente, havia ficado chateado por termos dado algumas oportunidades para outras pessoas ou não o ouvirmos tanto. Se tiver sido isso, acho que ele tinha razão, inclusive.

A verdade é que, do nosso lado, também já não sentíamos que nossos caminhos eram sinérgicos. Em um primeiro momento, por medo, até tentei mudar sua decisão e convencê-lo do contrário, mas no fim aceitei, e juntamente ao Eduardo Martins, meu diretor de negócios, estávamos até conseguindo ver o lado bom dessa saída.

> ## É ENGRAÇADO COMO O MEDO NOS CEGA!
> Eu estava com muito medo do que poderia acontecer a partir de uma mudança que julgava tão grande, e ignorei que aquele caminho era saudável tanto para a Exact quanto para o colaborador; era uma saída necessária. Cheguei a fazer propostas bem ousadas para tentar segurá-lo, mas felizmente, para nós e para ele, ele não topou!

Ele foi importantíssimo para Exact durante muito tempo, mas a Exact mudou, e ele não estava disposto a mudar naquela direção. Isso não quer dizer que um esteja certo e outro errado; só pensávamos de formas muito diferentes, e eu não estava conseguindo trazê-lo para onde precisava. Foi difícil aceitar, mas também foi o melhor caminho. A meu ver, temos que aprender que as boas empresas não dependem de uma pessoa em especial ou de outra; elas dependem da combinação entre processos, ferramentas e um conjunto de pessoas.

Acontece que, na época, em um primeiro momento, eu não conseguia enxergar assim. Fiquei bastante assustado, mas respirei fundo, desenhei um plano de ação e o coloquei em prática.

No meu plano de ação, o "menino", que virou palestrante e estava cansado da rotina de palestras, viraria o gerente de vendas, assumindo o lugar deste outro colaborador que estava saindo. Fiz a proposta e ele aceitou! Com isso, reunimos a equipe de vendas e anunciamos não apenas a saída do gerente anterior, mas o nome do novo gerente. Todos gostaram do nome, pois o "menino" (não falo menino de forma pejorativa, muito pelo contrário, falo para enfatizar que ele era genial apesar da pouca idade) tinha uma história muito bonita com a Exact.

Poucos dias depois, ele veio me contar que também sairia para ir trabalhar na mesma empresa aonde o gerente anterior estava indo, e o pior: que já estava negociando com eles mesmo antes de aceitar ser o novo gerente de vendas. A proposta financeira realmente era bastante elevada, mas eu não esperava aquela atitude de alguém que tinha uma história tão legal com a Exact e que tinha acabado de assumir um compromisso perante todos os colegas, principalmente após ele ter aceitado o novo posto de gerente de vendas.

Fiquei louco!

Fui muito duro com o "menino" e falei tudo que eu achava sobre a postura dele. Liguei para empresa que estava contratando os dois, uma ex-cliente e parceira da Exact, e também falei o que eu achava sobre a postura deles, como empresa, de atacar colaboradores de parceiros.

Particularmente, eu jamais teria feito o que este "menino" fez, e nem o que a empresa que o contratou fez. Mas uma das maiores lições que tive nesta história foi não esperar que os outros ajam como eu agiria, uma vez que cada um tem uma vivência e cada um tem suas verdades.

Provavelmente, se eles forem contar a versão desta mesma história, surgirão diversos outros pontos que eu mesmo desconheço; talvez outros raciocínios por parte deles que nunca foram compartilhados comigo ou que eu nunca compreenderia.

As verdades podem ter diferentes versões, nem por isso todas elas deixam de ser verdades.

Obviamente, chorei muito nesta época, fiquei cabisbaixo, me questionei muito sobre várias coisas. Pensei que não devia confiar tanto nas pessoas. Mas depois percebi que foi justamente essa confiança nas pessoas que tinha me feito chegar aonde cheguei como empreendedor. Pensei que a equipe toda ia sair junto com eles, mas logo tracei uma estratégia para isso não acontecer; inclusive, me surpreendi com algumas coisas que não eram como eu imaginava. Pensei que as pessoas não gostavam de trabalhar na Exact, só porque os dois estavam saindo. Enfim, fiquei muito inseguro e chateado com a situação.

Novamente, coloquei a máscara de empreendedor, levantei a cabeça e segui, mesmo muito chateado, pois considerava este "menino" como um grande amigo que eu havia construído na minha trajetória empreendedora. Eu o considerava, possivelmente, como um dos meus futuros braços direitos na Exact ou em qualquer outra empresa que eu fosse abrir um dia.

Enfim, elaborei um plano de ação junto com o Eduardo Martins (um dos caras que mais respeito profissionalmente em todos os sentidos, e um verdadeiro braço direito) a fim de passarmos por esta situação, e fomos executá-lo.

Trouxemos outro vendedor para o cargo de gerente, chamado João Rosa — um cara com um ótimo desempenho e uma postura muito metódica (temos essa característica nas lideranças da Exact), com a intenção de, aos poucos, afastá-lo das vendas e deixá-lo só como gerente. Nós o selecionamos dentre a própria equipe e foi um golaço! Na prática, ele se comportou de maneira muito parecida com o que esperávamos, apesar da necessidade de se adequar ao novo tipo de trabalho, e com certeza deveria ter sido nossa primeira opção desde o início.

Voltei a palestrar, mas em um volume menor; como minha conversão de vendas era maior, no final o resultado era o mesmo.

Fomos muito sinceros com a equipe sobre tudo que havia acontecido, mas tentando preservar as pessoas que haviam saído, na medida do possível. Aumentamos o critério para selecionar quais os vendedores fariam cada reunião, sequenciamos as reuniões de maneira mais criteriosa e aumentamos o número de reuniões por mês de cada vendedor. Por fim, trabalhamos na motivação e união da equipe.

No mês seguinte, batemos recorde de vendas na Exact! Isso mesmo. Foi o mês que mais vendemos na história da empresa até aquele momento.

Alguns vendedores que tinham performances medianas começaram a virar verdadeiros monstros na equipe! A equipe se uniu de uma maneira linda para enfrentar junta aquele momento. O gerente, aos poucos, pôde se dedicar somente à gerência de vendas e sair do papel de vendedor, e foi crescendo muito como gerente. Isso possibilitou que, aos poucos, novas lideranças fossem surgindo dentro da equipe e sendo oficializadas como tal, dando braços a esse gerente. Hoje temos um primeiro líder rodando muito bem e já estamos encaminhando uma vendedora para ser a segunda líder; estamos preparando-a para assumir a segunda equipe, e ela tem crescido muito em termos de postura, pois, como vendedora, já era fenomenal.

Esse momento foi, ao mesmo tempo, um dos piores e um dos melhores da minha história. Foi mágico! Que belo momento da história da Exact, e que belo momento na história destes vendedores que ficaram.

Por que consegui fazer isso? Porque, após a porrada que tomei, respirei e coloquei a máscara do empreendedor. Levantei a cabeça, me juntei aos meus pares e planejamos com calma, voltamos ao nosso estado natural juntos e executamos o que tinha que ser executado.

Mesmo assim, no início eu tinha dificuldades até de olhar o "menino" no rosto, por tudo isso que aconteceu! Mas, como disse, depois entendi que eu não devo esperar que os outros tenham as atitudes que eu teria, assim como eu não devo ter tanta certeza de que a minha verdade é a única verdade das histórias. Hoje, converso normalmente com ele e acompanho sua trajetória a distância, torcendo de verdade para que ele tenha tirado as melhores lições possíveis desta situação e que use todo o potencial dele para o bem, pois ele o tem de sobra.

A segunda história será quase que um diário de bordo. Sim, ela está sendo escrita em tempo real, e espero que quando você estiver lendo este relato já tenhamos passado por esta situação louca chamada Covid-19. Espero que estejamos todos bem de saúde e a economia esteja melhor.

> **O ANO DE 2020 INICIOU LOUCAMENTE.**
> Na Exact, o mês de janeiro foi muito corrido. Nós nos mudamos para nossa nova casa, que era o dobro da anterior. Recebemos as pessoas com muita alegria e carinho! Tudo deu certo, faltava uma ou outra coisa para arrumar na mudança, mas foi muito mais tranquilo do que imaginávamos.

Contratamos muita gente neste mês, estávamos iniciando a utilização do recurso que havíamos captado na nossa série A (R$15 milhões). No resultado do mês, batemos todas as metas principais da empresa, crescemos acima do projetado, com uma boa sobra. Todos os indicadores verdinhos — lindo de ver!

Em fevereiro, nosso maior desafio era conseguir contratar as pessoas na velocidade planejada, tamanho era o volume de contratações que tínhamos que fazer. Estávamos totalmente ambientados na casa nova.

Havíamos intensificado muito as ações visando as pessoas, a fim de que elas gostassem cada vez mais de estar naquele novo ambiente, que havíamos imaginado e criado para elas.

Em termos de resultados, novamente, fevereiro foi extremamente positivo. De novo, batemos todas as metas com sobra. Estávamos muito acima do faturamento projetado do bimestre e muito abaixo dos custos estimados.

No fim de fevereiro/início de março, na reunião de conselho, todos estavam felizes e discutindo o planejamento de contratações. Estávamos debatendo sobre fazer nossa estrutura fora do Brasil para receber um fundo estratégico que iria compor essa rodada de investimento da série A junto com a Astella. A Astella havia topado liberar parte da rodada que faria para este outro fundo, pois isso ajudaria a abrir as portas no Vale do Silício para rodadas futuras, já que era lá onde esse novo fundo estava localizado.

Além disso, estávamos debatendo o início do projeto de voz em nosso software, que tinha prazo de lançamento para o segundo semestre. Havíamos dado um passo gigantesco para termos nosso próprio discador na plataforma de maneira muito veloz, com ligações, WhatsApp e SMS, tudo por dentro do software, com registro e com ligação com todas as funcionalidades. Então, estávamos muito felizes!

Havia apenas uma preocupação.

Não, ainda não era a Covid-19. Era o fato de que não havíamos feito o número de contratações planejadas nos últimos meses, e as metas dariam um salto grande em março. Então, alertei o conselho de que provavelmente não seria tão simples bater as metas em março, como foi nos meses anteriores.

Apenas no final do conselho, um dos conselheiros nos perguntou se estávamos acompanhando a situação do coronavírus (Covid-19). Falamos que sim, que havíamos comprado álcool gel e espalhado placas pela empresa para lavarem as mãos. Ele falou para continuarmos de olho, que ele já havia cancelado algumas viagens para fora do Brasil como precaução, mas que o caminho era esse mesmo.

Ok, todos se abraçaram (até aí, as pessoas ainda estavam se abraçando), e o conselho acabou.

Na semana seguinte, nossos resultados de vendas e de manutenção de clientes estavam muito bons! Tudo indicava que novamente faríamos um mês incrível, superando as dificuldades de contratação que haviam me preocupado. O assunto coronavírus havia crescido no Brasil, e parecia que precisaríamos ter preocupações maiores em termos de controle de higiene na Exact. Porém, ainda parecia algo, de certa forma, "distante".

No dia 10 de março de 2020, eu e dois vendedores fomos a São Paulo. Eu fui palestrar e os vendedores ficariam em um stand que tínhamos em um evento muito bacana chamado Sky.One Connect. Nesta data, o coronavírus já estava mais em evidência, a ponto de um vendedor vir me perguntar se era seguro irmos para o evento. Respondi que a princípio era seguro sim, que ainda havia poucos casos e que a vida seguia normalmente.

Fomos a São Paulo e o evento foi incrível. Praticamente ninguém falou sobre o tema coronavírus! Eu palestrei logo após o mundialmente consagrado Aaron Ross e a nova palestra foi um sucesso, os feedbacks foram incríveis. Vendemos muito no evento e abrimos diversas oportunidades. Foi excelente!

No fim do dia, os vendedores retornaram para Florianópolis, e eu fiquei em São Paulo, pois tinha algumas reuniões e iria gravar duas entrevistas para o livro: uma com o Marcus Marques e outra com o Marcos Piangers (assistindo às entrevistas, você pode notar que, naquela época, ainda era normal abraçar e cumprimentar; logo depois, com a Covid-19, abraçar alguém neste tipo de situação se tornou impossível).

A gravação com o Marcus Marques foi no mesmo dia da feira, à noite; ao final da gravação, ele saiu correndo para ir ao aniversário do João

Kepler. Até então, o coronavírus estava distante do que se tornou; no dia 10 de março de 2020, as pessoas ainda podiam se reunir. Lembro também que o Gustavo Tremel (fundador e CEO da Decora) e o Guilherme Reitz (fundador da Axado e, posteriormente, da Yungas) também estavam em São Paulo e mandaram mensagem no nosso grupo de empreendedores perguntando se alguém que estava em São Paulo queria beber com eles. Não fui, mas não por causa do coronavírus, e sim porque estava muito cansado.

Fizemos uma segunda semana de março fantástica, e os indícios de que seria um mês incrível só cresciam. Porém, em paralelo, a preocupação com o coronavírus também crescia, e muito. Parecia que, de alguma forma, isso atingiria nossos clientes ou nós mesmos, mas ainda não estava claro o quanto.

A terceira semana foi o início do que viria a ser o maior desafio de toda minha carreira empreendedora até então. Tivemos que encarar que o coronavírus era algo muito grande e que precisávamos nos adaptar às mudanças que ele estava gerando. As vendas ainda estavam acontecendo e, até então, tudo prosseguia normalmente com os projetos dos clientes, mas nossos colaboradores estavam assustados, e as primeiras adaptações vieram neste sentido.

> **A VERDADE É QUE NÃO TÍNHAMOS RESPOSTAS.**
> Não tínhamos muita informação sobre o assunto, então fomos estudar antes de sair adaptando de qualquer forma. Durante a semana, passamos a implementar medidas rigorosas de higiene, mas nos mantivemos trabalhando normalmente.

Na quinta-feira, algumas startups grandes haviam mandado todos seus funcionários para home office, mas nós achamos precipitado fazer isso naquele momento e de uma hora para outra. Entendemos que para isso funcionar era necessário planejamento. Então, na quinta-feira, fizemos um pronunciamento para o time, trazendo dados e indicando ações que seguiríamos.

Uma das ações seria na sexta-feira, quando prepararíamos o computador de todos para migrarmos aos poucos para home office (instalaríamos os programas necessários para que toda a estrutura de telefone, por exemplo, funcionasse mesmo a distância, ou um outro programa para que a TI tivesse acesso remoto ao computador de cada um e pudesse auxiliar em qualquer problema).

A ideia era que, na primeira semana, dividiríamos a empresa em cinco grupos, e cada grupo ficaria quatro dias em casa e viria um dia trabalhar na base; depois, aqueles que desejassem assim, poderiam trabalhar de casa nas próximas semanas até segunda ordem. Em paralelo, como manteríamos nossa casa aberta, contrataríamos uma pessoa para fazer a higienização de todos pontos de maior contato (corrimão, fechaduras etc.), incessantemente durante todo período de trabalho.

Também compramos termômetros para checagem diária e elaboramos uma planilha de acompanhamento, para que mesmo quem estivesse em casa fosse acompanhado (monitorando febre, tosse etc.). Proibimos visitas de pessoas de fora da Exact na empresa e criamos um processo de higienização das mãos ao ingressar no ambiente de trabalho.

Até aí, tudo maravilhoso! Recebemos diversos elogios das pessoas do nosso conselho e de todos que tiveram acesso às nossas medidas na sexta-feira. Até porque em várias das empresas que mandaram todos para home office já na sexta o dia havia sido um caos.

Os números mundiais pioraram muito ao longo da sexta e do sábado. No domingo, o governador do estado de Santa Catarina pegou todo mundo desprevenido quando, mesmo com pouquíssimos casos no estado, decretou que a partir de segunda as empresas deveriam fechar as portas e que não teríamos transporte coletivo. Não estou julgando a decisão dele, estou apenas mostrando que, do dia para a noite, tudo que havíamos desenhado havia ido para o lixo (esta foi só a primeira de muitas dessas surpresas).

Nós nos adequamos e fomos todos para home office, ainda sem entender exatamente qual seria o tamanho do buraco em que estávamos entrando. Para nossa empresa, o home office não foi tão caótico, pois, querendo ou não, já tínhamos alguma experiência em algumas áreas e havíamos nos planejado com a tecnologia e instalado tudo que era necessário na grande maioria dos computadores na sexta-feira anterior. Obviamente não deu tempo de deixar tudo 100%, então os primeiros dias ainda tiveram respingos neste sentido. Porém, tínhamos as três coisas mais importantes para fazer o home office funcionar: processos bem desenhados, ferramentas robustas e líderes muito presentes com rotinas bem estabelecidas. Então, este, no final, foi o menor dos desafios.

Tudo relacionado ao vírus começou a crescer vertiginosamente no mundo naquela semana. Países como Itália começaram a perder o controle e ter um número de mortes registradas muito alto. Até mesmo nos EUA, onde o presidente Trump tinha uma postura mais voltada para a economia, tudo parou. Obviamente, o coronavírus começou a ser uma realidade cada vez maior no Brasil, e os estados como um todo começaram a entrar em quarentena e a parar suas atividades econômicas. Era o desenho de um cenário de recessão econômica superagressiva que estava se delineando.

As semanas seguintes tiveram a maior queda da minha vida profissional. Saímos de um cenário no qual tudo estava funcionando perfeitamente para um cenário no qual tudo começou a parar. Por sermos muito bons nisso, nossas vendas não pararam, mas caíram pela metade praticamente (a sorte é que o início do mês de março tinha sido muito bom). Os clientes não estavam pedindo para cancelar os contratos, mas pedindo para pausá-los, para renegociar, para que os ajudássemos financeiramente, e isso impactaria diretamente nas nossas entradas financeiras e no nosso caixa. A inadimplência começou a subir.

Tudo isso aconteceu do dia para a noite. Não tivemos tempo de planejar nem prototipar soluções. De repente, todo planejamento que havíamos feito e estávamos seguindo com perfeição tinha que ser rasgado; em pouquíssimos dias, teríamos que desenhar um novo planejamento em que as variáveis ainda eram totalmente incertas. Neste momento, não se tinha sequer uma estimativa minimamente aceitável para o tempo em que ficaríamos em quarentena.

O caos e as mortes não paravam de subir no mundo todo, os remédios que eram testados e prometiam trazer uma cura ou diminuição do impacto desta pandemia, na prática, não se provavam ou não eram implementados. O mundo estava desesperado — e eu também.

EM PARALELO, SOCIALMENTE, EU VIA UM PAÍS PARANDO SEU MERCADO

sem ter condições de fazer isso por muito tempo. O governo demorando muito para ajudar os empreendedores e sendo muito comedido nas ajudas! Os profissionais autônomos começaram a não ter dinheiro para comprar comida, as pequenas empresas começaram a falir, e o cenário era: se correr, o bicho pega; se ficar, o bicho come. Neste momento, eu não estava preocupado só comigo, mas com as pessoas em geral (estávamos à beira de um colapso ou de saúde, ou econômico, ou o mais provável: de ambos).

Obviamente, neste momento, eu fiquei muito cabisbaixo e assustado. Estava saindo do melhor bimestre da história da Exact para uma situação em que eu não tinha ideia do que estava por vir. Uma coisa era certa: do dia para a noite, uma fase muito difícil estava se iniciando. Para falar a verdade, foi tudo tão rápido que mal tive tempo para sofrer; os únicos momentos em que sofria mais eram no banho; de resto, eu trabalhava incansavelmente.

Então, levantei a cabeça e decidi que precisava seguir dois caminhos em paralelo: o primeiro dizia respeito à saúde da empresa, e o segundo, à nossa responsabilidade social. Contudo, primeiro eu precisava colocar a minha máscara de oxigênio, para depois, querer colocar a dos outros; na prática, ambas as coisas aconteceram juntas.

Assim, me fechei com o Felipe e com o Goes (nosso diretor financeiro) e desenhamos três cenários de possíveis efeitos dessa crise em nossos números. Entenderíamos em qual cenário estaríamos, baseados em quatro fatores — vendas para novos clientes, vendas para base (*upsell*), perda de clientes (*churn*) e inadimplência (onde também ficavam os descontos, que acabaram sendo usados como estratégia neste momento). Reunimos esta planilha com um plano de ação feito junto aos demais diretores (tínhamos reuniões diárias de diretoria nesta época) e os apresentamos ao conselho em uma reunião emergencial. Eles acharam nossos cenários otimistas demais e pediram para fazermos um quarto cenário — um catastrófico. Fizemos, mas estávamos bastante confiantes nos cenários apresentados, pois havíamos nos embasado nas variações de números que já tínhamos visto variar e na projeção de evolução do impacto.

Tivemos muita calma para traçar os cenários e as ações. Não saímos nos agasalhando com base na previsão do tempo que estava dando na TV; resolvemos abrir a janela, sentir o frio e monitorá-lo. Neste momento, foi fundamental termos tudo tão padronizado e tão cheio de métricas. O excelente trabalho dos nossos diretores foi essencial para conseguirmos entender as melhores formas de agir.

O plano de ação que apresentamos continha 16 ações, que vou compartilhar com você:

1. **Mudança para home office**;

2. **Congelamento de contratações**;

3. **Congelamento de gastos com retorno estimado de médio e longo prazo**;

4. **Formação de comitê de crise.** Depois do conselho, formamos um de oportunidades, por indicação de um conselheiro extremamente experiente e importante para nossa empresa, o Júlio Moura Neto (falaremos mais sobre isso);

5. **Deslocamento de parte do time de RH** para auxiliar os clientes por meio da Academia Exact (curso que forma gratuitamente pré-vendedores via ensino a distância e os conecta com os clientes);

6. **Deslocamento de parte do time de vendas para os times de atendimento e de prospecção (pré-vendas).** Isso foi feito porque as reuniões agendadas diminuíram neste período, porém a conversão em vendas aumentou. Então, tínhamos força de vendas ociosa, apesar de estarmos retomando os bons resultados, e tínhamos um gargalo em agendamento de reuniões e outro na negociação com os clientes que solicitavam atendimento para renegociação dos contratos;

7. **Análise de equipe em curvas de importância estratégica e desempenho, e estudo de custos de desligamentos.** Apesar de no primeiro momento não termos optado pela estratégia de redução de quadro, nos piores cenários talvez fosse necessário. Além disso, este posicionamento de lutar para não ter que realizar demissões foi oficializado nesta reunião de conselho, principalmente com a ajuda do conselheiro Júlio Moura Neto;

8. **Negociação e flexibilização de pagamento para clientes de mercados mais afetados.** Mantendo a recorrência, porém dando desconto e perdendo a entrada financeira no mês, o que gerava um forte impacto no caixa;

9. **Troca de negociações por engajamento no sistema.** "Flexibilizo seu pagamento, mas você tem que configurar a funcionalidade tal, que não vem sendo usada", por exemplo;

10. **Aproximação total com o cliente.** Fizemos um bate-papo de perguntas e respostas comigo e com a diretoria semanalmente; houve intensificação de reuniões de acompanhamento do time de sucesso do cliente com os clientes etc. Posteriormente, em um evento que criamos, chamado "Não Pare, Adapte", tivemos bate-papos exclusivos de grandes nomes do mercado com nossos clientes;

11. **Gratuidade momentânea de produtos e serviços adjacentes,** curso da Academia Exact de graça (normalmente é gratuito somente para desempregados), limite de envio de e-mails liberado, aumento em 5x da capacidade gratuita do buscador de contato, dentre outros;

12. **Posicionamento perante a sociedade e participação em negociações junto a entidades de classe e governo.** Posteriormente, este item resultou na campanha "Não Pare, Adapte", originando um evento gratuito para mais de 8 mil participantes;

13. **Elaboração de um planejamento, com ações predeterminadas, a partir dos cenários:** Otimista, Conservador, Pessimista e, posteriormente, o Catastrófico;

14. **Intensificação de abertura de novas opções de crédito,** caso fosse necessário recorrer a crédito;

15. **Readequação de ordenação e aceleração de itens da lista de prioridades do time de desenvolvimento de produto (roadmap).** Aceleramos projetos como o de telefonia própria, de descoberta e conferência de e-mails corporativos, de WhatsApp, dentre outros que entendemos como importantes para o momento dos clientes;

16. **Pensar em como ganhar em *share of mind* (fatia de lembrança do público-alvo) neste momento.** Fortalecer a imagem da Exact como líder absoluta no nosso mercado. Este foi outro item que pesou para organizarmos o evento "Não Pare, Adapte".

Nesta mesma reunião de conselho, um dos conselheiros mais experientes, o Julio Moura Neto, sugeriu fazermos um plano de oportunidades a partir do coronavírus. Foi um exercício muito interessante que nos fez inclusive mudar algumas decisões que estávamos tomando. Vou compartilhar esse plano com você:

Cenário anterior	Provável novo cenário	O que isso muda para a Exact?
Dificuldade de encontrar e reter talentos. Mercado saturado sem disponibilidade de profissionais qualificados.	Muita demissão e poucas vagas sendo abertas. Muita gente boa disponível no mercado.	Facilidade para crescer o time e reter os talentos. Principal dificuldade encontrada antes da Covid-19 pela Exact.
A maioria das empresas não considerava a hipótese de ter operações por home office. No Brasil, muitas ainda estavam incrédulas, inclusive no sistema de *inside sales*.	Empresas foram obrigadas a testar tanto o home office quanto *inside sales*.	Nossa ferramenta é baseada em padrão e controle, duas palavras-chave para gestão de equipe em home office e para vendas por *inside sales*. Inclusive, já tínhamos clientes que nos contratavam para abrir equipe de prospecção usando esta modalidade de trabalho. Assim, estaremos totalmente sinérgicos com esta nova dor.
As empresas e as pessoas estavam capitalizadas, o processo de compra estava menos rigoroso e as pessoas, mais ousadas para arriscar.	As vendas serão mais técnicas e o tempo de fechamento tende a aumentar. Assim, os custos de um processo de vendas que não deveria ter iniciado devem aumentar proporcionalmente. Ou seja, para quem não fizer uma boa segmentação anterior ao início do processo de negociação, o Custo de Aquisição de Clientes deve disparar.	A Exact é uma ferramenta voltada para vendas complexas. Então, a parte de qualificação será fundamental para as empresas não elevarem demais seus Custos de Aquisição de Clientes, já que o tempo de negociação deve aumentar. Assim, estaremos totalmente sinérgicos com esta dor.

Cenário anterior	Provável novo cenário	O que isso muda para a Exact?
A Exact, por ser pioneira e por ter nadado muito tempo em oceano azul, já era o grande gorila do mercado. Existiam alguns pequenos concorrentes iniciando e ganhando força, já que o mercado de sales engagement é bastante grande.	Os pequenos concorrentes tendem a sobreviver com muitas dificuldades (endividamento alto, equipes desfeitas etc.).	O oceano que estava começando a ficar um pouco menos azul no Brasil tende a voltar a ser extremamente azul.
Muitas startups com tecnologias complementares estavam surgindo. Estávamos de olho nelas, porém muitas estavam com valuations muito elevados.	Muitas dessas devem falir ou ficar à beira da falência.	Oportunidade de aquisições muito baratas para crescer inorganicamente em termos tecnológicos e em termos de equipe qualificada. Ou mesmo de boas negociações de parcerias entre empresas.

Esse plano de oportunidades foi muito importante, tanto para redirecionarmos esforços quanto para adequarmos nossa proposta de valor, deixando nosso produto mais "álcool gel" (como diz meu amigo Thiago Concer). As tendências e oportunidades deste quadro passaram a fazer parte do nosso discurso de vendas.

As vendas, em um primeiro momento, sofreram um impacto muito forte, porém aos poucos foram se reerguendo à medida que nos adaptamos. Em abril, elas já estavam beirando a normalidade e, em maio, retomaram o crescimento a todo vapor, atingindo o recorde de vendas da história da empresa e superando-o, novamente, em junho. Inicialmente os pré-vendedores (prospectadores) precisavam ligar o dobro para atingir metade do resultado que tinham, porém, na ponta, quem chegava na reunião está fechando mais, ou seja, o índice de reuniões que viravam vendas havia até crescido (provavelmente porque quem chegava na reunião já estava pensando em como sair da crise). Aos poucos, a coisa foi normalizando.

Na prospecção, entendemos como estratégia inicial que precisávamos buscar mais números de contato pessoal (CPF em vez de CNPJ) e usar mais canais de contato alternados (e-mail, telefone, LinkedIn). Além disso, precisávamos mudar um pouco o discurso na ligação de prospecção: em vez de trabalhar com gatilho de prova social logo no início da conversa (por exemplo, quando ligávamos para uma empresa que vendia um ERP, dizíamos logo de cara que tínhamos como clientes empresas como SAP, Senior, Sankhya, Mega etc. — empresas referência que vendem ERP); passamos a utilizar um pouco mais de gatilho de empatia (ouvindo mais o cliente logo de cara, pois eles queriam desabafar) para, depois, usar a prova social.

Outro ponto crítico é que como todas as pessoas de nossa equipe estavam em home office, eu estava mais distante delas. Então, no início de abril, em uma reunião de diretoria, entendemos que fazia sentido eu fazer um pronunciamento extremamente sincero para os colaboradores, abrindo a situação da empresa como um todo (acreditávamos que muitos não tinham noção do impacto de tudo isso para a Exact). Além disso, aproveitamos a ocasião para colocar nossos posicionamentos principais e falar de como precisaríamos passar juntos por tudo isso (falar que havíamos decidido tentar segurar ao máximo a estabilidade das pessoas, por exemplo). Vou compartilhar com você o roteiro que elaborei para este pronunciamento:

1. **Prezamos sempre pela nossa cultura dentro da Exact,** e um dos maiores valores que temos é a transparência; por isso, resolvemos fazer este pronunciamento;

2. **A Exact, apesar de ter mantido suas máquinas rodando, não está passando ilesa de forma alguma por este momento.** Naturalmente, o número de reuniões agendadas caiu e as vendas tiveram impactos iniciais. Na outra ponta, estamos tendo que renegociar com nossos clientes para mantê-los na base, o que deve reduzir drasticamente nossa entrada monetária nos próximos meses, porém manter os clientes ativos em nossa base;

3. **O momento que estamos vivendo é atípico, e não tinha como prevermos em nosso planejamento que isso poderia acontecer.** Então tivemos que praticamente jogar nosso planejamento para os próximos meses no lixo e trabalhar com cenários a partir dele;

4. **Traçamos 4 cenários: otimista, conservador, pessimista e catastrófico.** Nos dois últimos, teremos que tomar atitudes mais drásticas, mas estamos confiantes que, juntos, nos manteremos nos dois primeiros;

5. **Vínhamos fazendo um excelente primeiro trimestre e isso nos deu algumas margens que têm nos ajudado a enfrentar este momento.** Então, vocês foram fundamentais para termos estas margens. Obrigado!

6. **Nossa captação financeira tem uma entrada dividida em tranches, ou seja, não é feita toda de uma única vez.** Não estamos com os 15 milhões em caixa neste momento. Temos trabalhado duro para negociar com os fundos a antecipação de parte destas tranches e para buscar crédito nos bancos (por segurança), e temos tido resultados muito bons nesse sentido;

7. **Estamos tendo como premissa a manutenção dos empregos e das máquinas que criamos (processos e ferramentas), pois acreditamos que sairemos maiores de tudo isso.** Então, não viemos hoje anunciar nenhum desligamento ou coisas do tipo, pelo contrário, viemos afirmar que esta será a última alternativa usada;

8. **Viemos alinhar e dizer que precisamos de vocês mais do que nunca!** Precisamos trabalhar juntos para sairmos o mais ilesos possível dessa situação. Nós, diretores, temos trabalhado dia e noite para que isso aconteça e assim vamos continuar, e este é um compromisso da diretoria da Exact com vocês;

9. **Precisaremos que alguns de vocês ajudem momentaneamente em outras áreas, para focarmos as máquinas que hoje são o gargalo.** Todos serão comunicados esta semana sobre essas movimentações. Este é o momento que temos que pensar no todo, não só no nosso umbigo, não só nas nossas métricas anteriores. A nova métrica é nos mantermos vivos e com tudo pronto para voltarmos a crescer rapidamente;

10. **Precisaremos nos unir ao máximo. Ligar o dobro, ouvir o dobro, lutar o dobro.** Cada um precisa dar o máximo que tiver. Precisaremos atender cada cliente o mais de perto possível e nos tornarmos amigos deles nesta hora. Nunca foi tão sinérgico nosso propósito com um momento brasileiro, como agora — neste momento, somos a melhor alternativa para as empresas se estruturarem e não pararem. Neste sentido, estamos com uma campanha maravilhosa criada pelo nosso marketing: "Não pare, adapte!" Parabéns ao time de marketing!

11. **Isso tudo passando, a tendência é nos fixarmos ainda mais como o grande gorila deste mercado** (pois, com nossa organização e nosso suor, vamos ser a empresa que sairá mais inteira de tudo isso, mantendo tudo que conquistamos juntos até aqui). Então quando isso passar, estaremos nadando em um oceano ainda mais azul;

12. **Além disso, a tendência para o nosso mercado é extremamente positiva.** Com a recessão, as compras tendem a ficar mais técnicas e pensadas, aumentando o Custo de Aquisição do Cliente (CAC), e isso vai totalmente ao encontro do que sempre pregamos. Somos uma ferramenta para diminuir o CAC em vendas complexas. Além disso, o home office tende a ser algo mais usado, e nossa ferramenta está totalmente adequada para esta realidade de trabalho, pois ela prega duas questões-chave: padrão e controle.

O impacto foi maravilhoso! Em abril, ficamos acima do cenário otimista que havíamos traçado, até mesmo em março já havíamos ficado bem (derivado do excelente início de mês que tivemos anteriormente à Covid-19).

Em maio, batemos o recorde de vendas da empresa e, em junho, não só o recorde de vendas, como também o recorde de aumento bruto da recorrência (MRR). Ou seja, não só ficamos muito bem nas entradas de novos clientes, mas também na saída de clientes da base. Cuidamos das pessoas e elas, em geral, têm se entregado para cuidar da gente! Tem sido um golaço.

Temos ainda conseguido ajudar muitos clientes e de quebra pegar os depoimentos destas empresas que não pararam, mas se adaptaram. Essa tem sido a base de nossa campanha!

COMO TENHO DITO,
estar na crise é como estar na areia movediça. Você tem, basicamente, três alternativas:

- Movimentar-se de qualquer jeito e morrer rápido;

- Ficar parado e morrer lentamente, à espera de ajuda;

- Ou procurar um cipó e gritar na direção que ouvir qualquer tipo de barulho.

Temos ficado com a terceira opção e representado a terceira opção para os nossos clientes. Muitos não tiveram essa alternativa, por estarem em setores muito afetados, mas, para os que tiveram, a adaptação foi o melhor caminho! Encontrar os cipós é fundamental! Na Exact, nossos cipós foram nossos clientes. E, quando ouvimos barulho, gritamos alto, prospectando. Ou seja, entendemos os mercados que ainda estavam aquecidos e prospectamos mirando neles, direcionamos nossa força para lá e estamos colhendo frutos.

Os vendedores que haviam sido deslocados para outras áreas estão voltando a seus postos, e as coisas estão, aos poucos, voltando ao "normal". O momento de luto do mercado está passando, e estamos entrando em um momento de despertar e esperança, no qual as empresas têm olhado para as soluções a fim de sair desta situação. Nesse sentido, a Exact se tornou "álcool gel" — passamos de desejável para necessária! E estamos buscando explorar este momento da melhor maneira possível.

Direcionamos nossos esforços de desenvolvimento para termos ainda mais diferenciais, a fim de nos fortalecermos como ferramenta de prospecção ideal para equipes em home office, pois entendemos isso como tendência (vamos fortalecer nosso posicionamento neste sentido). Deste modo, além de lançarmos nossa telefonia própria, que não exige que o cliente instale nada, estamos lançando funcionalidades como monitoramento de prospectadores em linha, por meio da qual o gestor consegue acompanhar quem está em linha, ouvir a ligação em tempo real, falar com o prospectador sem o cliente potencial ouvir ou mesmo chamar os que não estão em linha para uma reunião de alinhamento.

Lançamos ainda uma campanha com nossos colaboradores para trazer ideias de funcionalidades que os ajudariam na prática do trabalho remoto — e premiamos a melhor ideia. Desta forma, temos novas soluções para turbinar o roadmap neste novo direcionamento, o de ser uma ferramenta para home office.

Socialmente falando, lançamos nosso primeiro grande evento em parceria com a ADVB/SC para auxiliar as empresas a fazerem como nós: não pararem e se adaptarem. Nele, mais de 40 profissionais de ponta compartilharam práticas aplicáveis para este momento visando contornar a crise quando o assunto é vendas. Mais de 8 mil pessoas se inscreveram.

Em resumo, ainda estamos enfrentando este momento difícil e não sabemos o resultado final das nossas ações, mas não ficamos chorando. Tivemos resiliência, paramos, pensamos, planejamos e executamos. Ao que tudo indica, sairemos ainda maiores desta situação! Por isso esta palavra é tão forte: a resiliência leva você aonde poucos podem chegar.

Foi fácil fazer tudo isso? Claro que não! Foi quase tão difícil quanto finalizar este livro no prazo combinado com a editora, em meio a tudo isso que está acontecendo na Exact. Mas, além de resiliência, tenho um propósito pessoal que jamais me deixaria parar — seja parar de batalhar pela Exact ou mesmo parar de escrever este livro, que agora se tornou mais importante do que nunca para ajudar o mercado.

Espero, de coração, que tenha gostado do nosso bate-papo e que a leitura, de alguma forma, o ajude a vencer as barreiras da vida como um todo. Afinal, como disse no início, aprender a empreender melhor é, de certa forma, aprender a viver melhor!

Então, se encontrar dificuldades,

Tenha resiliência!

Não pare,

Adapte.

Se gostou desta nossa conversa, se o conteúdo lhe foi enriquecedor, divulgue o livro nas suas redes, compre para dar de presente para quem você gosta, compartilhe com as pessoas de sua empresa. Espero que ele atinja o maior número possível de pessoas, e conto com a sua ajuda!

Por fim, agradeço a você, leitor, por ter vivido isto comigo aqui no nosso bate-papo. Sucesso para nós! Que o empreendedorismo seja capaz de transformar nossa sociedade e que tenhamos sempre dias melhores.

Um abraço enorme e obrigado pela confiança!

SE NOS ENCONTRARMOS POR AÍ, POR FAVOR, VENHA ME FALAR O QUE ACHOU DO LIVRO. VOU ADORAR CONTINUAR ESTE NOSSO BATE-PAPO PRESENCIALMENTE!

EM SUMA:

VOCÊ NÃO É O ÚNICO QUE CHORA

e fica mal quando as coisas dão errado demais. Isso não o define como um bom ou mau empreendedor. O que o define é o que você vai fazer a partir disso!

LEMBRE-SE DE QUE SUA VERDADE NÃO É A ÚNICA.

Toda história tem diferentes versões; então, não espere das pessoas que elas façam aquilo que você faria, pois a verdade delas pode ser diferente da sua.

TENHA CALMA QUANDO AS COISAS DEREM ERRADO.

Respire, planeje, alinhe e execute com firmeza. É nos momentos de crise que os grandes empreendedores se destacam.

SEMPRE QUE FOR NECESSÁRIO, NÃO PARE, SE ADAPTE!

A capacidade de adaptação rápida facilitará a sua resiliência.

SEJA SEMPRE GRATO

a quem confiou em você. Então, obrigado por ter confiado em mim ao ler este livro!